도시 인문학 강의 맥주篇

발 행 일	2025년 9월 5일
지 은 이	권경민
편 집	권 혁
디 자 인	김현순
발 행 인	권경민
발 행 처	한국지식문화원
출판등록	제 2021-000105호 (2021년 05월 25일)
주 소	서울시 서초구 서운로13 중앙로얄빌딩 B126
대표전화	0507-1467-7884
홈페이지	www.kcbooks.org
이 메 일	admin@kcbooks.org
ISBN	979-11-7190-143-2

ⓒ 한국지식문화원 2025
본 책 내용의 전부 또는 일부를 재사용하려면
반드시 저작권자의 동의를 받으셔야 합니다.

맥주로 떠나는 세계 도시 40선

도시 인문학 강의 맥주篇

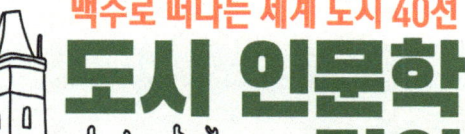

권경민 지음

한국지식문화원
BOOK PUBLISHING

프롤로그

맥주 한 잔으로 세계를 걷다
도시, 시간, 그리고 감각의 인문학

우리는 흔히 맥주를 단순한 기호음료로 생각하지만, 이 책은 그 한 잔의 맥주 속에 담긴 도시의 기억과 삶의 리듬을 이야기합니다.

《도시 인문학 맥주 篇》은 맥주를 통해 세계 각지의 도시를 인문학적으로 조망하는 새로운 시도입니다.

런던의 오래된 펍에서 셰익스피어를 떠올리고, 프라하의 맥주관에서 민중의 역사와 마주하며, 방콕의 야시장 골목에서는 뜨거운 공기와 함께 삶의 감각을 느낍니다.

바르셀로나에서는 예술과 바람이 어우러진 해변의 맥주를, 케이프타운에서는 아파르트헤이트의 상흔 위에 자리한 크래프트 브루어리를 만나게 됩니다.

이 책은 맥주를 단순한 소비의 대상으로 보지 않습니다. 대신 각 도시와 사람, 문화가 맥주를 어떻게 마시고, 나누고, 기억하는지를 통해 공간과 감정, 정체성의 교차점을 읽어내는 인문학적 탐색을 이어갑니다.

　세계의 다양한 도시를 맥주라는 감각의 문을 통해 다시 바라보고 싶으신가요?

　익숙한 술 한 잔이 낯선 도시를 깊이 있게 이해할 수 있는 또 하나의 인문지리서이자 문화 에세이가 되어드릴 것입니다.

　맥주를 좋아하는 분께는 물론이고, 도시를 읽고 싶은 모든 독자에게 이 책은 한 잔의 여유이자 하나의 여행이 될 것입니다.

저자 권경민
인문학 교수

TABLE
OF
CONENTS

"이 책에 담긴 도시의 순서는 지도의 질서가 아니라, 기억의 결 따라 흐릅니다. 시간의 좌표보다 감정의 파장이 앞섰고, 지도보다는 기억의 나침반을 따라 한 도시, 또 한 도시를 불러냈습니다."

1. 루체른 등불의 도시를 마시다 12
2. 암스테르담 운하 위의 사유, 맥주 속의 도시 17
3. 안트베르펜 맥주로 읽는 유럽의 심장 21
4. 브라티슬라바 경계 위를 걷는 다중언어 도시의 맛 25
5. 프라하 보헤미아 심장 시간의 골목 29
6. 비엔나 커피 너머, 맥주로 듣는 빈의 목소리 34
7. 뮌헨 '수도승의 땅'에서 맥주와 제국의 기억 38
8. 부다페스트 목욕과 사유, 온천의 도시 43
9. 파리 혁명의 도시, 사유의 공간 48
10. 런던 제국의 도시에서 다문화의 도시로 52
11. 더블린 저항과 기억의 도시 56
12. 피렌체 르네상스의 심장 60
13. 코펜하겐 균형과 공존의 도시, 크래프트 미학 64
14. 바르샤바 파괴에서 재건으로 68

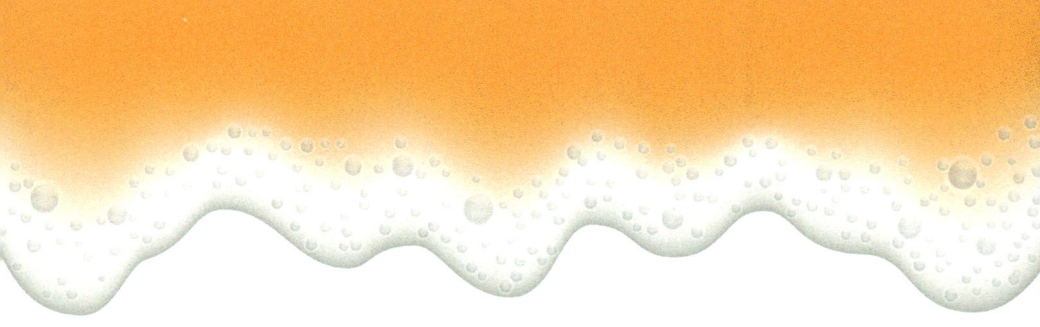

15. 바르셀로나 건축과 예술, 일상 속 철학 72
16. 샌디에이고 햇살과 자유의 도시 76
17. 시카고 산업과 감각의 재해석 80
18. 보스톤 맥주로 읽는 독립운동의 흔적 84
19. 토론토 공존의 도시, 실험성과 다양성 88
20. 프라이징 천 년의 전통과 과학의 만남 93
21. 뉘른베르크 황제와 시민의 공존 96
22. 밤베르크 연기의 도시, 천 년의 골목 100
23. 쾰른 도시의 정체성을 담은 쾰시 104
24. 잘츠부르크 소금길 위에서 피어난 도시 108
25. 브뤼셀 유럽의 심장, 감각의 도시 112
26. 브뤼주 조용하게 흐르는 중세의 시간 116
27. 리버풀 맥주와 거리, 축구와 음악 그리고 사람들 121

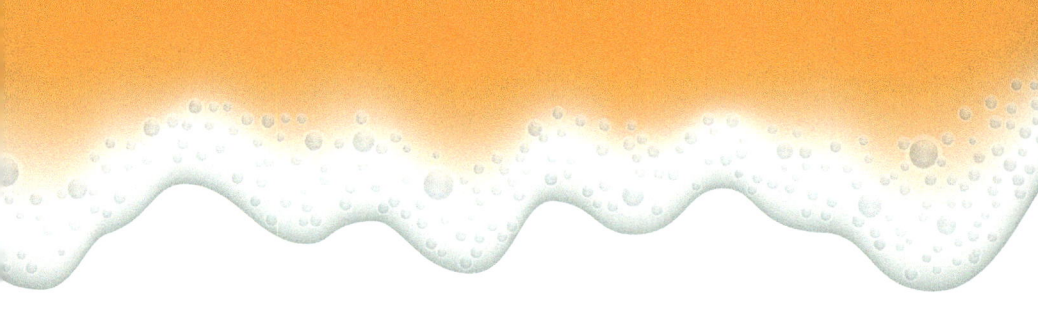

28. 멕시코시티 문명 위에 쌓인 도시, 그 시간의 결 126
29. 아바나 혁명과 열대, 느림의 미학 130
30. 부에노스아이레스 이민자의 유산과 도시적 실험 134
31. 삿포로 개척과 근대화, 정직한 맛의 인문학 138
32. 칭다오 독일의 흔적, 제국의 유산에서 대중의 일상으로 142
33. 마닐라 –제국의 유산, 대중의 맥주 146
34. 방콕 무더운 도시, 야시장 그리고 감각의 쉼표 150
35. 하노이 플라스틱 의자 위의 프랑스 유산 154
36. 부산 항구도시의 리듬, 골목과 루프탑 사이 158
37. 킹스턴 식민과 자주, 레게로 흐르는 도시 162
38. 케이프타운 바람과 기억, 식민과 분리의 역사 166
39. 시드니 공동체를 빚는 다문화적 감각 170
40. 오클랜드 식민 유산과 마오리의 리듬 174

도시 인문학 강의
맥주篇

1. 루체른
등불의 도시를 마시다

　루체른은 스위스 중앙부에 자리한 도시로, 루체른 호수와 필라투스산, 리기산이 어우러진 풍경 속에 중세의 고풍스러움과 현대 문화가 조화를 이루고 있다. 알프스의 자연미 속에 펼쳐지는 이 도시는 시간과 사람이 교차하는 문화적 무대이자 인문학적 사유의 공간이다.

'루체른(Luzern)'이라는 이름은 라틴어 'Lucerna', 즉 '등불'에서 유래되었다고 전해진다. 전설에 따르면, 수도사들이 하늘에서 내려온 빛을 따라 정착한 곳이 바로 이곳이며, 이러한 기원은 도시 자체가 시대와 인간을 비춰주는 상징적 공간임을 시사한다. 실제로 루체른은 중세 상업로의 중심지였고, 예술가와 철학자들이 즐겨 찾던 유럽 문화의 중요한 거점이었다.

19세기 작곡가 리하르트 바그너도 루체른에 깊은 애정을 품고 머물렀다. 그는 호숫가 저택에서 여러 오페라를 작곡했고, 이 도시는 그의 창작 활동의 중심이 되었다. 하지만 당시 루체른 시민들은 그의 파격적인 삶과 예술에 부담을 느꼈고, 결국 시민들의 청원으로 바그너는 도시를 떠나야 했다. 아이러니하게도, 지금은 그가 머물던 저택이 '바그너 박물관'으로 운영되고 있다. 이는 예술과 사회의 갈등, 그리고 그것을 넘어서는 화해의 상징처럼 느껴진다.

도시의 상징인 카펠교(Kapellbrücke)는 14세기 초에 건설된 유럽에서 가장 오래된 목조다리 중 하나다. 다리 내부에는 17세기 종교화를 중심으로 한 100여 점의 그림이 설치되어 있었는데, 1993년 화재로 많은 부분이 소실되었다. 이후 스위스 전역의 예술가들과 시민들이 힘을 모아 다리를 복원했고, 오늘날에는 통행을 위한 교량 역할뿐 아니라 공동체의 기억과 회복의 상징으로 자리 잡고 있다.

루체른에는 독특한 장소 하나가 있다. 구 시청사 건물 안에 자리한 '라트하우스 브라우에라이(Rathaus Brauerei)'라는 양조장이다. 이곳은 과거 시의회 회의가 열리던 장소였고, 지금은 직접 양조한 생맥주를 즐길 수 있는 공간이다. 중세 유럽에서 회의와 맥주는 자주 함께했는데, 루체른 역시 예외가 아니었다. 이 양조장은 지금도 도시의 문화와 삶, 그리고 공동체의 리듬이 어떻게 술 한 잔 속에 녹아드는지를 잘 보여주는 공간이다.

해마다 열리는 '비어 컬처 데이즈(Beer Culture Days)'도 주목할 만하다. 20여 곳의 지역

양조장이 참여해 100종 이상의 맥주를 소개하며, 맥주를 통해 지역의 정체성과 문화를 나누는 축제가 펼쳐진다. 단순한 시음이 아니라, 맥주라는 일상의 음료를 통해 도시의 역사와 사람들을 경험하는 자리다.

대부분의 여행객들이 호수와 다리의 아름다움만 보고 떠나지만, 루체른의 진짜 역사적 심장은 도시 뒤면에 있는 무제크 성벽(Museggmauer)에 있다. 14세기 도시를 방어하기 위해 지어진 이 성벽은 루체른이 외부의 위협 속에서도 스스로를 지켜온 흔적이며, 지금도 일부 탑은 내부 관람이 가능하다. 도시의 오래된 골격을 따라 걷다 보면, 겉으로는 조용하고 단정한 도시가 격동의 시대를 지나온 내면의 힘을 간직하고 있음을 실감하게 된다.

또 하나 빼놓을 수 없는 장소는 '빈사의 사자상(Löwendenkmal)'이다. 이 조각상은 프랑스 혁명 당시 루이 16세를 지키다 전사한 스위스 용병들을 추모하기 위해 만들어졌다. 부드럽게 조각된 사자의 눈에는 충성과 고통, 국가 정체성의 아이러니가 동시에 담겨 있다. 조각가 베르텔 토르발센은 이 작품을 통해 '용맹한 존재의 침묵 속 비극'을 형상화했다. 스위스가 타국을 위해 병력을 보내야 했던 역사적 현실이 이 조형물에 고스란히 담겨 있다.

루체른은 겉보기에 평화롭고 아름답지만, 갈등과 창조, 상실과 회복의 이야기가 공존한다. 그리고 그 이야기들은 도시를 가로지르는 다리 위, 시청사 양조장의 맥주 한 잔 속, 성벽과 사자상의 그림자 안에 조용히 머물러 있다. 이 도시를 인문학적으로 여행한다는 것은 그 속에서 사람과 시대, 기억과 정체성을 읽어내는 일이다.

한 잔의 맥주처럼, 루체른은 처음에는 부드럽지만 마실수록 깊고 풍부한 여운을 남긴다. 그리고 그 여운은 여행자의 마음속에 오래도록 머무른다.

2.
암스테르담
운하 위의 사유, 맥주 속의 도시

암스테르담은(Amsterdam) 자유의 도시다. 그 자유는 단순한 방종이 아니라, 개인의 삶을 존중하면서도 공동체의 질서를 해치지 않는 섬세한 균형 위에 서 있다. 네덜란드라는 나라가 개방과 실용, 관용의 전통을 가지고 있지만, 암스테르담은 그 철학이 실제

공간 속에 살아 움직이는 보기 드문 도시다. 운하를 따라 걷다 보면 역사와 현재가 공존하고, 자전거가 오가는 거리에서는 권위가 아닌 평등이 흐른다. 도시는 언제나 살아 있는 텍스트이며, 암스테르담은 그중에서도 가장 복잡하면서도 아름다운 문장으로 구성된 책과 같다.

17세기, 암스테르담은 유럽의 황금기를 이끌던 중심 도시였다. 무역과 금융, 인쇄와 학문이 집중되며 세계에서 가장 개방된 도시 중 하나가 되었고, 그 자유 속에서 철학자 스피노자와 데카르트는 사유의 집을 마련했다. 그들이 남긴 사상은 오늘날에도 암스테르담 곳곳에서 살아 숨 쉰다. 도시의 골목을 따라 걷다 보면, 종교적 관용이 낳은 다양한 문화공동체와 상업적 합리성이 만들어낸 질서 있는 거리 풍경이 공존하는 것을 느낄 수 있다.

암스테르담의 도시는 그 자체로 철학적인 구조를 품고 있다. 운하는 구획을 나누지만 단절하지 않고, 자전거는 계층이나 소유를 구분하지 않으며 누구나 이동할 수 있는 평등한 교통수단이 된다. 걷고, 타고, 마주치며 흐르는 도시의 리듬은 강요 없이 조율된 시민 정신의 결과다. 그러한 맥락에서 암스테르담의 맥주도 단지 음료가 아닌, 도시의 문화를 담은 하나의 기호로 읽힌다.

암스테르담은 오래전부터 맥주와 함께 성장해온 도시다. 하이네켄(Heineken)은 물론이고, 오늘날의 수많은 크래프트 브루어리들, Brouwerij 't IJ, De Prael, Oedipus Brewing 같은 이름들은 맥주가 단지 상품이 아니라 하나의 지역 언어이자 공동체 감각이라는 사실을 증명한다. 특히 하이네켄 익스피리언스(Heineken

Experience)는 단순한 브랜드 홍보를 넘어, 산업·디자인·문화가 어떻게 어우러질 수 있는지를 보여주는 일종의 체험형 인문학 공간이다. 맥주 한 잔 속에 담긴 역사와 기술, 상표와 상징은 도시의 기억을 기록하는 또 하나의 방식이 된다.

암스테르담의 이면에는 또한 우리가 흔히 놓치는, 혹은 의도적으로 외면하는 진실이 있다. 1983년, 하이네켄 CEO가 중심가에서 납치되었던 사건은 네덜란드 현대사에서 가장 충격적인 사건 중 하나였다. 글로벌 브랜드가 된 기업과 그 도시 그리고 그 이면에 자리한 경제적 긴장은 암스테르담이라는 도시가 안고 있는 또 다른 모순을 드러낸다. 이러한 이중성은 성산업의 합법화나 마리화나의 규제 완화에서도 드러난다. 관용과 제도의 사이에서 도시가 끊임없이 고민하고 실험하며 만들어온 자유는 단순히 쾌락의 허용이 아니라, 인간 존엄과 공공질서 사이의 긴장 속에서 탄생한 윤리적 구조다.

암스테르담의 레드 라이트 디스트릭트는 관광 명소이기도 하지만, 동시에 도시가 직면하고 있는 가장 현실적인 질문 중 하나이기도 하다. 자본화된 욕망의 공간이면서도, 노동자 권리를 보호하려는 제도적 실천이 병존하는 이곳은 도시가 윤리를 어떻게 다루는지를 보여주는 살아 있는 교과서와 같다. 또한 이곳은 암스테르담이 자유를 소비하지 않고, 고민하며 다듬어온 도시라는 것을 보여주는 증거이기도 하다.

운하가 내려다보이는 작은 브루어리에서의 한 잔, 좁은 골목길에서 마주친 현지인의 이야기, 박물관에서 만난 브랜드의 역사, 모든 순간은 맥주라는 감각을 통해 도시와 접속하는 인문학적 통로가 된다. 한 잔의 맥주는 도시와 나를 연결하고, 지금 이 도시가 품은 세계를 천천히 음미하게 만든다.

암스테르담은 결코 단순하거나 가벼운 도시가 아니다. 그곳은 늘 질문하는 도시이며, 끊임없이 스스로를 실험하는 공간이다. 그러므로 이 도시에서 맥주를 마신다는 것은, 결국 세계를 다시 마주하는 일이 된다. 그 안에는 자유와 윤리, 시장과 기억, 예술과 정치가 함께 녹아 있다. 운하 위로 반짝이는 햇살처럼, 자전거 바퀴 아래 지나가는 삶의 리듬처럼, 암스테르담은 도시 그 자체가 인문학이다.

3.
안트베르펜
맥주로 읽는 유럽의 심장

 안트베르펜(Antwerpen)은 벨기에 북부의 항구 도시로 중세 말 유럽 경제의 중심이었으며, 르네상스 예술과 근대 자본주의가 꽃피던 현장이자, 오늘날까지도 도시 전체가 하나의 거대한 역사·예술·문화 텍스트로 읽히는 인문학적 공간이다. 그리고 그 도시의 심층에는 '맥주'라는 감각적 문화 코드가 정교하게 얽혀 있다.

16세기 초, 안트베르펜은 런던과 파리를 능가하는 유럽 최대의 무역항이자 금융 도시였다. 전 세계의 은이 몰려들었고, 스페인과 포르투갈의 식민지 상품이 유입되었으며, 증권거래소와 환어음 거래, 은행과 상회조합 등 근대 자본의 구조가 실험되던 도시였다. 이것은 단순한 경제 팩트가 아니라, 인간 욕망과 질서, 교환과 불안정이라는 존재 조건이 도시 구조에 반영된 인문학적 사건이다.

그 중심에 서 있던 장소가 바로 '그로트 마르크트(Grote Markt)', 그리고 오늘날까지도 도시의 상징인 '세인트 폴 성당(St. Paul's Cathedral)'과 '루벤스 하우스(Rubenshuis)'다. 피터 폴 루벤스는 이 도시의 예술적 정체성을 상징하는 인물로, 그의 화려한 바로크 회화는 단지 미학적 성과에 그치지 않고, 신성과 권력, 인간의 감정을 동시에 다루는 시각 철학의 총체라 할 수 있다.

안트베르펜은 오랜 맥주 양조 전통을 지닌 도시이기도 하다. 벨기에 북부 플란데런 지역의 중심지로, 수도원 맥주에서부터 람빅, 세종, 트라피스트까지 다양한 스타일의 맥주가 발달했다. 그중에서도 이 도시에 숨겨진 전설 같은 장소가 바로 'Kulminator'라는 이름의 펍이다.

Kulminator는 세계에서 가

장 깊이 있는 맥주 리스트를 갖춘 곳 중 하나로, 10년 이상 숙성된 맥주부터 전설적인 빈티지 병까지 수집된, 말 그대로 맥주 애호가들의 성지다. 주인 부부는 맥주를 '문헌'처럼 대하며, 모든 병에 대한 기록과 관리가 철저하다. 이곳에서 맥주를 마신다는 것은, 단지 한 잔을 소비하는 것이 아니라, 시간이 만든 맛과 인간이 쌓아온 문화를 함께 음미하는 '지적 체험'이다.

안트베르펜에서 맥주는 기호 소비를 넘어 '도시적 사고방식'을 담고 있다. 이 도시는 격변과 침략, 부흥과 쇠퇴를 반복하면서도 언제나 고유한 취향과 철학을 지켜왔다. 소규모 브루어리와 오래된 양조장, 전문 맥주바와 시민 주도 문화가 자연스럽게 공존하는 모습은, 맥주를 통해 지역성과 개방성, 전통과 실험이 공존하는 문화적 긴장을 보여준다.

이러한 문화는 단지 미각의 문제를 넘어, 일상의 감각적 리듬과 공동체의 정체성, 그리고 도시가 품은 시간의 층위를 동시에 느끼게 한다. 안트베르펜의 맥주는 '감각적 유산'이자 '철학적 발효물'이라 불릴 만하다.

안트베르펜을 방문한다면, 루벤스의 그림과 중세 거리 풍경을 따라 걷고, 도시 곳곳에 숨어 있는 맥주 전문점에서 한 잔씩 천천히 음미해보기를 권한다. 특히 Kulminator 같은 공간에서는 맥주에 대해 질문하고, 주인과 대화를 나누며 맥주라는 텍스트를 해석하는 시간을 가져볼 수 있다.

도시와 맥주, 예술과 철학이 어우러지는 안트베르펜은 '한 잔으로 읽는 유럽 도시 인문학'의 결정판이라 할 수 있다. 그리고 이 경험은 단순한 미각의 즐거움을 넘어, 인간의 역사와 기억, 존재의 층위를 다시 생각하게 하는 깊은 사유의 시간으로 이어질 것이다.

4. 브라티슬라바
경계 위를 걷는 다중언어 도시의 맛

'브라티슬라바(Bratislava)'는 슬로바키아의 수도이자, 도나우강을 따라 오스트리아·헝가리와 국경을 맞댄 독특한 도시다. 그 지리적 위치만큼이나 역사와 문화, 정치적 경계의 중첩 위에서 성장해온

이 도시는 중세의 흔적과 오스트리아-헝가리 제국의 영광, 공산주의의 기억, 그리고 오늘날의 유럽 통합을 모두 품고 있다. 이러한 복합적 정체성은 브라티슬라바를 동유럽 인문학적 상징 도시 중 하나로 만들어주며, 맥주라는 감각의 매개는 이 도시를 더욱 생생하게 경험하게 한다.

브라티슬라바는 오랜 시간 '변방의 수도'였다. 로마 제국의 경계선에 자리했던 이곳은 중세에는 헝가리 왕국의 왕관 도시로 기능했고, 이후 오스트리아-헝가리 제국의 영토가 되면서 독일어 이름인 '프레스부르크(Pressburg)'로 더 널리 알려졌다. 1919년 이후 체코슬로바키아가 탄생하며 '브라티슬라바'라는 이름을 공식적으로 되찾았고, 그 이름은 슬로바키아어로 '형제의 도시'라는 뜻을 지닌다.

이러한 명칭의 변화 자체가 이 도시가 겪어온 다중언어와 문화, 정체성의 충돌과 융합을 보여준다. 유대인, 독일인, 헝가리인, 슬로바키아인이 혼재한 도시 풍경 속에서 브라티슬라바는 항상 '하나의 얼굴'이 아니라 '여러 개의 겹친 얼굴'을 가진 도시였다.

브라티슬라바 성(Bratislavský hrad)은 도시의 시각적 중심이자 역사적 상징이다. 이 성은 단순한 군사 요새를 넘어, 중세부터 현재까지 이 도시가 지나온 모든 시간의 결절점이다. 한편, 구시가지는 좁은 골목과 고딕, 바로크 양식의 건축물로 가득한 '도시의 기억 공간'이다. 거리에는 웃고 있는 청동 조각상들, 예컨대 맨홀 뚜껑 아래서 사람들을 올려다보는 '츄밀' 동상이 설치되어 있는데, 이는 과거 공산정권의 억압에 대한 유쾌한 저항의 상징이기도 하다.

이러한 거리 조형물들은 시민과 예술이 도시 공간을 함께 만들어 가는 방식, 즉 공공 예술이 도시 인문학의 실천이 되는 방식을 잘 보여준다.

슬로바키아는 체코와 함께 중유럽 맥주 문화의 뿌리를 공유한다. 브라티슬라바는 전통적인 필스너 계열 맥주뿐 아니라, 최근에는 크래프트 비어 붐을 타고 다양한 지역 브루어리가 등장하고 있다. 대표적인 곳으로는 Bratislavský Meštiansky Pivovar와 Zámocký pivovar 그리고 독립 양조장인 Radošina Brewery 등이 있다.

이들 브루어리는 지역성과 역사, 현대적 감각이 어우러진 '살아있는 도시 공간'이다. 전통적인 라거부터, 홉의 향이 강조된 IPA, 과일을 첨가한 사계절 맥주까지…. 브라티슬라바의 맥주는 도시의 다층적 정체성을 감각적으로 체험하게 한다.

특히, 브라티슬라바에서는 맥주가 사회적 대화와 지역 커뮤니티를 연결하는 매개로 기능한다. 많은 브루어리에서는 지역 예술가들의 전시, 문학 낭독회, 음악 공연 등이 함께 열리며, 이는 동유럽 도시가 품고 있는 '일상 속 문화 인프라'의 실현이라 할 수 있다.

한 잔의 맥주는 이 도시가 품은 겹겹의 역사, 다중 언어, 정체성의 흔들림, 시민 감성의 유쾌함을 모두 응축한 문화적 텍스트다. 오스트리아식 맥주 문화와 체코식 라거 문화, 그리고 슬로바키아만의 토착적 풍미가 서로 교차하면서 만들어내는 복합적 맛은, 브라티슬라바라는 도시의 정체성과 정확히 닮아 있다.

낯선 외국인이 지역 브루어리에서 한 잔을 주문하고, 그날의 날씨나 정치 이야기를 나누는 장면은 브라티슬라바가 단지 '유럽의 작은 수도'가 아니라, 사람과 사람을 잇는 대화의 공간임을 보여준다. 결국 맥주를 마시는 행위는, 이 도시를 마시는 것이기도 하다.

5.
프라하
보헤미아 심장 시간의 골목

'프라하(Praha)'는 체코의 수도이며, 천년 왕국의 심장, 중세와 현대가 공존하는 건축의 박물관, 그리고 체코 민족의 기억이 살아 숨 쉬는 공간이다. 비트루비우스적 질서와 고딕의 경건함, 바로크의 감정, 공산주의의 흔적, 그리고 오늘날 유럽적 시민문화까지….

프라하는 도시 그 자체가 '살아 있는 인문학 텍스트'라 할 수 있다. 그리고 이 도시의 감각적 층위는 무엇보다도 맥주라는 문화적 기호를 통해 더욱 깊이 있게 체험된다.

프라하는 9세기경 보헤미아 왕국의 중심으로 등장해, 신성로마제국 황제들의 거처가 되었고, 이후 합스부르크 제국, 체코슬로바키아, 그리고 체코공화국의 수도로 거듭나왔다. 이 도시는 한 번도 완전히 무너진 적이 없었고, 침략과 지배 속에서도 도시의 '골격'을 유지해 왔다.

구시가지(Staré Město)와 카를교(Karlův most), 프라하성(Pražský hrad)은 단지 관광지가 아니라, 체코의 민족 서사와 종교 개혁, 학문과 시민의 기억이 중첩된 장소다. 얀 후스(Jan Hus)의

 종교개혁, 카렐 대학교의 설립, 천문시계의 정교한 장치까지, 프라하는 언제나 지식, 저항, 정체성의 중심이었다. 프라하의 거리는 마치 건축 양식의 연대기처럼 구성되어 있다. 고딕에서 르네상스, 바로크, 아르누보, 공산주의 시대의 소련식 대형 구조물, 그리고 포스트모던 건축까지…. 이 도시는 '양식'이 아니라 '시간' 그 자체로 설계되었다. 프라하를 걷는다는 것은 곧 도시라는 책장을 넘기며 유럽의 정신사를 훑는 일이다.
 이런 도시 구조는 인간의 삶과 사회의 사유가 어떻게 건축으로 환원되고, 다시 시민의 일상에 녹아드는지를 보여주는 살아 있는 철학적 전시장이기도 하다.

체코는 세계 1위 맥주 소비국이며, 프라하는 그 대표적인 맥주 수도다. 체코 맥주의 정체성은 '필스너(Pilsner)'에서 시작된다. 플젠(Pilsen) 지역에서 시작된 이 황금색 맥주는 19세기 유럽 맥주의 기준을 새롭게 정의했다. 프라하의 펍에서는 대개 라거와 다크 라거, 그리고 점점 다양화되는 크래프트 비어까지 고루 즐길 수 있다.

대표적인 장소로는 1499년부터 운영된 세계에서 가장 오래된 브루펍 중 하나인 U Flekǔ, 체코 전통 음식과 생맥주를 가장 현대적으로 재현한 공간인 Lokál, 프라하 크래프트 비어 혁명의 선봉이라 할 수 있는 Dva Kohouti, Vinohradský pivovar 등이 있다.

이곳에서는 맥주가 알코올 기호음료를 넘어 민족 감정, 노동자 문화, 일상적 철학이 응축된 감각적 기호로 기능한다.

체코의 펍(czech hospoda)은 체코 시민 공동체의 거실이다. 정치와 문학, 스포츠와 인생 이야기가 자유롭게 오가는 이 공간은, 프라하 시민이 공론장을 경험하고 토론 문화를 축적해온 '생활의 아고라'이기도 하다.

프라하의 맥주문화는 단지 소비의 문제가 아니라, 사회적 리듬과 기억을 지속시키는 구조로 작동한다. '한 잔 더'를 주고받는 그 사이에 체코의 역사, 체제 전환의 경험, 공동체적 감수성이 은은하게 녹아 있다.

프라하에서 맥주를 마신다는 것은 이 도시가 품은 기억과 상처, 유머와 풍경을 함께 음미하는 행위이다. 고딕 성당 아래의 지하 선술집에서 마시는 다크 라거 한 잔, 비노흐라디 공원의 맥주 축제에서 만난 크래프트 브루어리, 혹은 카렐교 야경을 바라보며 홀짝이는 생맥주 잔 속에는 도시의 역사와 인간의 시간이 함께 담겨 있다.

6.
비엔나
커피 너머, 맥주로 듣는 빈의 목소리

 비엔나(Vienna, Wien)는 오스트리아의 수도로 수 세기 동안 유럽 정치와 예술, 철학과 음악, 커피와 카페 담론, 제국과 개인이 교차한다. 이 도시는 '도시 전체가 한 권의 책'처럼 읽히는 인문학의

보고다. 바로크 궁전에서 현대 박물관에 이르기까지, 구스타프 클림트에서 비트겐슈타인까지, 슈베르트의 멜랑콜리에서 프루스트적 시간까지, 비엔나는 수많은 층위를 가진 감각과 사유의 도시다. 그리고 그곳에서도 맥주는 커피와 더불어 일상과 사유를 잇는 중요한 감각의 매개다.

비엔나는 한때 합스부르크 제국의 중심지로, '세계의 절반'을 지배하던 황제의 도시였다. 쇤브룬 궁전과 호프부르크 왕궁은 단순한 건축물이 아니라, 제국주의와 계몽주의, 사치와 붕괴의 역사를 한꺼번에 담고 있는 공간이다. 이곳은 프로이트가 무의식을 해석하고, 클림트가 황금빛 유혹을 그리며, 말러가 음악에 철학을 담았던 공간이기도 하다.

비엔나는 언제나 한 가지 정체성만 가진 도시가 아니었다. 독일어를 쓰는 오스트리아인이 중심이지만, 슬라브어, 헝가리어, 체코어, 이디시어가 뒤섞여 있는 '다언어·다문화 제국의 심장'이기도 했다. 이 도시는 외국인을 경계하면서도 끌어안았고, 전통을 고수하면서도 혁신을 품었다.

비엔나는 흔히 커피의 도시로 알려져 있다. 멜랑지 한 잔과 함께 펼쳐지는 문학과 신문, 철학과 수다가 어우러지는 빈 카페하우스(Kaffeehaus) 문화는 유네스코 무형문화유산으로도 등재되어 있다. 하지만 동시에 비엔나는 맥주의 도시이기도 하다.

오스트리아는 유럽에서 1인당 맥주 소비량이 체코에 이어 두 번째로 높은 국가다. 비엔나 스타일의 '비엔나 라거(Vienna Lager)'는 19세기 중반 안톤 드라이허(Anton Dreher)에 의해 개발된 스타일로, 밝은 호박색, 약간의 토스트 향, 부드러운 몰트감이 특징이다.

비엔나에는 대형 맥주 브랜드 외에도 전통과 현대를 잇는 수많은 브루어리와 비어홀, 카페형 펍이 공존한다.

Ottakringer Brauerei는 1837년 설립된 대표적 빈 전통 양조장으로, 오늘날까지 독립 브루어리로 운영되며 지역 문화와도 긴밀히 연결되어 있다. 팝업 전시, 음악 행사 등과 함께 맥주를 경험할 수 있다. 7Stern Bräu는 구시가지 중심에 있는 수제맥주 펍으로, 빈의 실내 문화와 공공적 공간이 결합된 현대적 맥주문화의 상징이다. Hawidere는 비엔나 서부의 인디 문화 중심지에서 운영되는 수제맥주 전문 펍으로, 맥주와 커뮤니티의 연결성을 실험하는 장소이다.

　이러한 공간은 현대인의 사유와 일상을 연결하는 감각적 공론장의 역할을 한다. 비엔나에서의 맥주는 '마시는' 음료라기 보다 '머무는' 음료다. 빠르게 마시기보다 천천히 향을 음미하며, 음악과 담론, 철학과 농담이 교차하는 테이블 위에서 조용히 존재하는 감각이다. 커피가 프루스트적 기억을 자극한다면, 맥주는 '머무름의 감각'을 통해 도시의 리듬과 감정을 흡수하게 만든다.

　빈에서는 한 잔의 맥주가 프로이트적 무의식과 비트겐슈타인의 언어철학 그리고 크라프트베르크의 전자음악과 만날 수 있다. 그것은 지식과 감각, 논리와 유머, 고전과 실험이 자연스럽게 섞여 있는 비엔나의 도시 구조 자체가 만들어내는 인문적 가능성이다.

7. 뮌헨
'수도승의 땅'에서 맥주와 제국의 기억

뮌헨(München)은 독일 남부 바이에른주의 주도이자, 알프스 북쪽에서 가장 강력한 문화·경제·역사 중심지다. 흔히 '맥주의 도시'로 알려져 있지만, 뮌헨의 진짜 매력은 맥주를 통해 도시의 정체성과 공동체의 역사, 철학적 감수성과 일상의 리듬을 함께 엿볼 수 있다

는 데 있다. 이 도시는 예술과 정통성, 전통과 근대, 고요한 시민성과 열광적 축제성이 공존하는 인문학적 도시이기도 하다.

'뮌헨(München)'이라는 이름은 '수도승들의 땅'을 뜻하는 독일어 bei den Mönchen에서 유래되었다. 이는 12세기 이 지역이 수도사들의 정착지였음을 의미한다. 하지만 시간이 흐르면서 뮌헨은 상업과 예술, 정치의 중심지가 되었고, 바이에른 왕국의 수도로서 전통성과 독립적 기질을 동시에 형성해왔다.

특히 제2차 세계대전 이후, 폐허에서 다시 일어선 뮌헨은 '독일의 재건'을 상징하는 도시가 되었고, 오늘날에는 하이테크 산업, 디자인, 예술, 그리고 세계적인 맥주문화로 연결되는 다층적 정체성을 가지고 있다.

1516년, 바이에른 공국은 맥주 제조에 오직 물, 보리, 홉만을 사용하라는 법령을 선포했다. 이것이 유명한 '맥주순수령(Reinheitsgebot)'이다. 이는 단순한 식품 위생 규제가 아니라, 바이에른의 자부심과 지역 정체성을 상징하는 역사적 선언이다. 오늘날 독일 전역에 영향을 준 이 법은 맥주를 '공공의 질서'와 연결시키는 인문학적 법령으로 해석할 수 있다.

이런 법령의 정신은 뮌헨의 가장 유명한 축제인 '옥토버페스트(Oktoberfest)'에서도 이어진다. 1810년 왕세자 루트비히의 결혼식에서 시작된 이 축제는 시민 모두가 왕가의 기쁨을 공유했던 최초의 공공 축제로, 지금까지도 '맥주를 통해 공동체를 재구성하는 의례'로 기능하고 있다. 해마다 600만 명 이상이 찾는 이 축제는 단순한 흥겨움 이상의 도시적 의식이라 할 수 있다.

뮌헨의 맥주홀은 술집 그 이상이다. 호프브로이하우스(Hofbräuhaus), 아우구스티너켈러(Augustiner-Keller), 로벤브로이켈러(Löwenbräukeller) 등은 100년 이상의 역사를 가진 공간으로, 이곳에서는 정치·철학·예술·일상의 모든 대화가 오간다.

특히 호프브로이하우스는 바이마르 공화국 시기와 나치 초기 활동까지 아우르며, 뮌헨이 지닌 역사의 그림자와 책임을 품고 있는 장소이기도 하다. 따라서 이곳에서 마시는 한 잔의 맥주는 즐거움만이 아닌, 도시의 과거와 현재를 함께 음미하는 상징적 행위가 된다.

뮌헨은 독일 현대 예술과 디자인, 철학이 발달한 도시이기도 하다. 칸딘스키와 바우하우스, 바이에른 국립박물관과 현대미술관, 그리고 미술 아카데미는 이 도시의 지적 감수성을 반영한다.

뮌헨의 맥주는 오랜 세월 지켜온 전통의 산물이며, 예술과 결합한 감각적 실천으로 이어진다. 수제맥주 양조장들은 클래식 음악회와 전시, 지역 예술가와의 협업을 통해 맥주를 미각 너머의 문화적 경험으로 확장시킨다.

Giesinger Bräu는 지역 커뮤니티 중심의 독립 양조장이며, CREW Republic은 실험적 라거와 IPA로 세계적 주목을 받고 있다. Schiller Bräu는 철학자 이름에서 따온 이름처럼 '말 건네는 맥주 공간'으로 유명하다.

뮌헨에서 맥주는 '일상적 음료'인 동시에 '공공의 사유공간'이다. 정해진 시간, 정해진 잔, 정해진 테이블이라는 도시적 리듬 안에서 맥주는 단순히 소비되지 않고, 관계가 맺어지고, 기억이 나누어지며, 시간의 감각이 축적되는 매개체가 된다.

뮌헨은 맥주를 통해 공동체가 만들어지고, 사유가 촉발되며, 유산이 전승되는 도시다. 그러므로 이 도시는 세계적으로 '맥주가 유명한 곳'이며, '맥주를 통해 도시가 말하는 곳', 그 자체로 하나의 철학적 무대이자 인문학적 풍경이다.

8.
부다페스트
목욕과 사유, 온천의 도시

　부다페스트(Budapest)는 다뉴브강을 사이에 두고 형성된 헝가리의 수도이자, 중앙유럽 근대사의 상처와 미학, 재건과 저항, 목욕과 맥주가 함께 공존하는 도시다. 한때 오스트리아-헝가리 제국의 한

축이었고, 이후 사회주의 체제를 거쳐 오늘날 유럽의 문화·관광 중심지로 탈바꿈한 이 도시는 그 자체가 인문학적 텍스트이자 역사적 감각의 아카이브다.

부다페스트는 원래 두 개의 도시였다. 고대에는 켈트족과 로마인의 요새였고, 중세에는 부다(Buda)의 언덕 위 왕궁과 페스트(Pest)의 평지 시장 도시가 서로 다른 문화와 계층을 형성하며 공존했다. 1873년, 이 둘이 합쳐져 오늘날의 '부다페스트'가 되었고, 이후 헝가리는 오스트리아와 함께 '이중 제국(Dual Monarchy)'의 중심지로 부상한다.

이 도시 구조 자체가 상징하는 바는 명확하다. 부다는 권위, 역사, 고요함을 상징하고, 페스트는 상업, 시민, 활기를 대표한다. 이러한 양면성은 오늘날까지도 도시의 공간과 성격에 뚜렷하게 반영되며, 도시 인문학의 이상적인 구도, '질서와 생동, 전통과 진보'를 실현하고 있다.

부다페스트는 '온천의 도시'로 불릴 정도로 다양한 공공 목욕탕이 있다. 로마시대 유적부터 오스만투르크 시대의 터키탕, 합스부르크 시대의 아르누보 양식 목욕탕까지…. 이 도시는 물과 몸, 공간과 사유가 만나는 도시문화의 유산을 품고 있다.

젤레르트 목욕탕(Gellért Fürdő)는 아르누보 양식의 대표적 공공탕으로, '몸의 휴식과 미의식'을 동시에 충족시키는 장소다. 세체니 목욕탕(Széchenyi Fürdő)은 야외 온천탕에서 체스를 두는 시민들의 모습은 '목욕과 철학'이 결합된 부다페스트만의 문화적 장면이다.

이런 목욕 문화는 단지 휴양이 아니라, 사유의 일상화, 공동체적 소통의 공간화로 읽을 수 있으며, 이는 부다페스트 인문학의 핵심적 풍경이다.

부다페스트의 맥주문화는 독일, 체코, 오스트리아의 영향을 고루 흡수하며 발전해왔다. 19세기 말에는 수십 곳의 브루어리와 맥주홀이 있었고, 이는 시민계급의 성장과 도시문화의 확대를 반영하는 구조였다. 오늘날에도 헝가리 대표 맥주인 '드레헤르(Dreher)'는 1862년 이 도시에서 시작된 유서 깊은 브랜드로, 빈 라거(Vienna Lager) 스타일의 전통을 계승하고 있다.

또한 최근 들어서는 다양한 크래프트 맥주 양조장들이 등장하며, 도시의 새로운 취향과 공동체적 실험 정신을 보여주고 있다.

Élesztőház는 부다페스트 크래프트 비어 문화를 이끈 상징적 장소다. FIRST Craft Beer, Mad Scientist는 국제적으로도 주목받는 실험적 브루어리로 널리 이름을 알리고 있다.

이곳은 단지 맥주를 마시는 공간이 아니라, 토론과 공연, 전시와 커뮤니티가 열리는 복합문화 플랫폼으로, 부다페스트의 '현대적 공공성'을 실현하는 장이다.

부다페스트의 맥주는 단절된 역사 속에서도 지속되어 온 감각적 일상이다. 전쟁과 점령, 독재와 민주화의 사이에서도 사람들은 맥주를 마시며 살아냈고, 그것은 단지 해방이 아니라 일상의 회복과 공동체적 기억의 회복이었다.

헝가리의 맥주홀은 예전에도 지금도 도시 서사의 중요한 무대다. 거기서 오간 대화와 노래, 웃음과 침묵은 이 도시가 단지 '아름다운 유럽 도시'가 아니라, 삶을 버텨낸 공간이자 사람을 붙잡은 장소였음을 증명한다.

9. 파리
혁명의 도시, 사유의 공간

파리(Paris)는 프랑스의 수도일뿐만 아니라, 사유와 예술, 혁명과 일상, 감각과 제도가 공존하는 '도시 그 자체가 철학'인 공간이다. 루브르와 센강, 몽마르트르 언덕과 생제르맹 거리, 카페와 바, 철학자와 예술가, 그리고 시민과 맥주까지 — 파리는 도시를 통해 사유하고, 감각하고, 말하게 만드는 인문학의 실천장이다. 파리는 '도시가 어떻게 철학이 되는가'를 가장 극적으로 보여주는 곳이다. 프랑스 대혁명의 무대였고, 장폴 사르트르와 시몬 드 보부아르가 존재와 자유를 논하던 생제르맹 데 프레의 카페 거리였다. 파리라는 도시는 언제나 정치와 예술, 개인과 공동체의 긴장 속에서 새로운 사유의 언어를 생성해왔다.

"나는 생각한다, 고로 존재한다"라는 데카르트의 명제가 프랑스식 이성과 계몽주의를 상징한다면, 파리는 "나는 거닌다, 고로 도시를 읽는다"는 도시적 철학의 장이라 할 수 있다.

파리의 카페는 음료를 마시는 장소 그 이상이다. 그것은 시간을 붙잡는 곳이며, 관계를 맺고 사고를 생성하는 공론장이다. 사르트르와 보부아르가 자주 앉았던 '카페 드 플로르(Café de Flore)'는 지금도 철학적 분위기를 유지하는 장소이며, '레 되 마고(Les Deux Magots)'는 미술가와 문인들의 아지트였다.

하지만 파리에는 '맥주 바(Bière Artisanale)'라는 또 하나의 감각 공간이 공존한다. 맥주는 프랑스에서 와인에 비해 후순위였지만, 최근 10여 년 사이 크래프트 맥주의 성장과 함께 파리 역시 맥주로 사유하는 도시로 재탄생하고 있다.

프랑스 전통적으로는 와인의 나라지만, 최근 파리에서는 '비에르 아르티자날(Bière artisanale)'이라 불리는 수제 맥주가 도시문화를 재구성하고 있다. 이는 음료 선택의 문제가 아니라, 개성과 지역성, 취향과 실험, 도시적 공동체의 재구성을 보여주는 문화적 전환이다.

대표적인 파리 크래프트 브루어리로 BAPBAP (Bière à Paris, Bue à Paris)는 "파리에서 만들고, 파리에서 마신다"는 철학으로 지역성을 강조한다. La Parisienne는 프랑스 감성과 현대적 양조 기술의 결합하였으며, Paname Brewing Company는 운하 옆 테라스에서 즐기는 감각적 맥주 경험이 매력적인 곳이다.

이들 공간은 맥주를 통해 디자인과 예술, 지역 커뮤니티와 감각이 교차하는 도시의 새로운 사유 실험실로 기능한다.

파리에서 맥주를 마신다는 건, 맛과 향을 즐기는 그 이상이다. 그것은 이 도시에 스며든 시간의 층위, 사람들의 표정, 그리고 공간의 기억을 함께 들이마시는 일이다. 밤하늘 아래 몽마르트르 언덕에서 마시는 병맥주 한 잔, 운하가 흐르는 벨빌에서 친구들과 나누는 생맥주 한 잔, 혹은 라탱 지구에서 혼자 음미하는 크래프트 비어 한 잔, 이 모두가 도시와 관계 맺는 감각의 언어가 된다.

파리의 맥주는 도시의 새로운 읽기 방식이다. 한때 혁명의 도시였고, 카페의 도시였던 파리가 이제는 맥주의 도시로 다시 쓰여지고 있는 중이다. 그것은 파리라는 도시가 끊임없이 자기 자신을 재해석하고, 시민과 예술가, 여행자 모두에게 사유의 여백을 남겨주는 증거다.

10. 런던
제국의 도시에서 다문화의 도시로

 런던(London)은 제국의 기억과 시민의 일상, 산업혁명과 문화혁신, 우아함과 저항이 켜켜이 쌓인 영국의 수도다. 셰익스피어가 무대를 올렸고, 찰스 디킨스가 거리를 그렸으며, 버지니아 울프가 산

책했던 길이 있고, 영국 펍(pub) 문화가 시작된 곳이기도 하다. 시간과 계급, 언어와 감각이 교차하는 복합적인 문화지형 속에서, 맥주는 런던이라는 도시를 가장 '영국답게' 경험하게 해주는 감각의 통로가 된다.

런던은 근대 서양 도시 중에서도 가장 극적으로 변모해 온 도시다. 18~19세기 산업혁명을 거치며 인구가 급증했고, 대중문화가 확산되었으며, 동시에 식민지 제국의 중심지로서 전 세계의 사람과 자원, 언어가 이 도시에 모여들었다.

이렇게 축적된 다층성은 런던을 단일한 정체성으로는 설명할 수 없게 만든다. 화이트채플의 이민자 구역, 웨스트민스터의 왕실 공간, 캠든의 반문화 지대, 노팅힐의 카리브 해방감, 쇼디치의 창작 실험 공간까지…. 이 모든 공간이 한 도시 안에 공존하고, 때로는 충돌하며, 런던만의 독특한 도시 감각을 만들어낸다.

런던에서 맥주는 머무는 행위이고 도시적인 감각을 나누는 사교의 실천이다. 영국 특유의 펍(pub)은 그 기원이 로마 제국 시대로까지 거슬러 올라가며, 지금도 런던 거리 곳곳에서 '동네의 거실'처럼 기능하고 있다.

전통적인 런던의 펍에서는 에일(ale), 비터(bitter), 스타우트(stout) 같은 맥주를 캐스크(cask) 방식으로 제공하는데, 이 방식은 냉장이나 탄산 주입 없이 자연 발효로 숙성된 전통 방식이다. 이 맥주들은 빨리 마시는 것보다는 천천히 이야기 나누며 음미하는 데 어울리고, 런던의 느린 일상 리듬과 잘 맞는다.

런던에서 맥주는 늘 계급적 정체성과 연결되어 왔다. 과거엔 비터와 스타우트가 노동계급의 맥주였고, 라거는 중산층과 도시의 젊은 세대가 즐기는 맥주로 자리 잡았다. 그래서 맥주 스타일은 단순한 취향이 아니라 소비자의 정체성과 사회적 위치를 드러내는 기호가 되었다.

최근에는 크래프트 맥주가 런던의 주류 시장에 새로운 흐름을 만들고 있다. 런던 동부를 중심으로 등장한 신생 브루어리들은 지역 공동체, 생태적 가치, 창의성을 내세우며 감각적인 실험을 이어가고 있다.

Camden Town Brewery는 모던 라거 스타일을 선도하면서 도시적인 감각을 강조한다. Beavertown Brewery는 그래픽 아트와 실험적인 맛으로 주목받는다. 이 외에도 Fourpure, Five Points, Brixton Brewery 같은 브루어리들이 각자의 방식으로 지역성과 감각을 탐색하고 있다.

런던에서 맥주는 도시의 기억과 일상 리듬을 담고 있는 감각적인 텍스트다. 퇴근 후 로컬 펍에서 한 잔을 기울이는 장면은 여유를 넘어서, 시간을 다시 내 것으로 되찾고, 공동체와 다시 연결되는 사적인 의례다.

런던의 펍은 공간성과 정체성이 결합된 인문학적 장소다. 셰익스피어가 드나들었다는 '조지 인(George Inn)', 제2차 세계대전 이후 저항적 음악이 태어난 캠든의 펍들, 런던 브리지 인근의 브루펍들— 이 모든 공간이 맥주를 통해 도시와 사유를 잇는 연결고리가 된다.

도시는 걷는 사람을 통해 읽히고, 맥주는 그 감각을 천천히 풀어낸다. 런던이라는 도시는 그렇게, 한 잔의 맥주를 통해 자신을 다시 소개하고 있는지도 모른다.

11.
더블린
저항과 기억의 도시

 더블린(Dublin)은 아일랜드의 수도이자, 문학과 혁명, 신화와 일상, 그리고 기네스 맥주가 어우러진 도시다. 이곳은 제임스 조이스의 『율리시스』가 펼쳐지고, W.B. 예이츠와 오스카 와일드가 시를 쓰며, 수 세기 식민지의 상처를 껴안고도 자유와 언어, 유머로 도

시를 재건해 온 공간이다. 더블린은 겉보기엔 조용한 유럽 도시 같지만, 그 안에는 문학과 술, 사색과 저항, 공동체와 정체성이 얽힌 진한 인문학의 향이 배어 있다.

더블린은 단순한 수도가 아니라 아일랜드의 역사 그 자체다. 800년 가까운 영국의 식민 지배를 받았고, 1916년 부활절 봉기와 1921년 독립 전쟁을 통해 아일랜드 공화국으로 거듭났다. 도심 한복판에 자리한 'GPO(General Post Office)'는 무장봉기의 거점이자 현재까지 저항의 상징으로 남아 있다.

이 도시의 골목과 벽화, 공공 조각물은 말없이도 역사와 민족 정체성을 말해준다. 동시에 더블린은 단절의 상처를 치유하는 방식으로 문학과 술, 이야기의 힘을 선택해왔다. 그리고 그 중심에 항상 맥주가 있었다.

더블린은 문학의 도시다. 제임스 조이스, 예이츠, 와일드, 쇼, 베케트 등 20세기 영어권 문학의 반 이상이 이 작은 섬에서 나왔다고 해도 과언이 아니다. 이 작가들의 흔적은 지금도 도시 곳곳에 살아 있다. 예를 들어 『율리시스』의 하루가 펼쳐졌던 거리들과, 조이스의 인물들이 걷던 펍들은 더블린을 하나의 문학적 무대이자 산책 가능한 텍스트로 만든다.

이 도시에서 술은 문학과 분리되지 않는다. 더블린의 펍은 시인과 노동자, 혁명가와 철학자가 함께 머물던 공간이다. 이야기가 술을 따라 흐르고, 정치가 노래가 되고, 고통이 농담이 되는 곳. 더블린에서는 맥주 한 잔이 곧 공동체와 기억을 이어주는 장치가 된다.

　더블린에서 맥주를 말할 때 빠질 수 없는 것이 바로 기네스(Guinness)다. 1759년부터 세인트 제임스 게이트(St. James's Gate)에서 시작된 이 흑맥주는, 이제 더블린이라는 도시의 아이덴티티와도 같다. 세계적인 브랜드가 되었음에도 불구하고, 기네스는 여전히 지역성과 감각의 중심에서 '더블린다운 맛'을 지키고 있다.

　기네스 스토어하우스는 단순한 양조장이 아니라, 맥주를 매개로 한 도시 정체성의 전시관이다. 7층 루프탑 바에서 더블린 시내를 내려다보며 마시는 기네스 한 잔은, 그 자체로 도시를 음미하는 경험이 된다.

전통적인 기네스의 영향력이 크지만, 더블린의 맥주 문화는 점점 더 다채로워지고 있다. 최근에는 크래프트 브루어리와 독립 양조장들이 등장하며, 아일랜드 맥주문화의 새로운 감각을 제시하고 있다.

예를 들어, Porterhouse Brewing Company는 아일랜드 최초의 독립 수제맥주 펍으로, 클래식한 스타우트부터 실험적인 IPA까지 다양하게 선보이고, Rascals Brewing, JW Sweetman, Third Barrel 등은 더블린의 지역성과 젊은 감각을 담은 공간으로 주목받고 있다.

이런 흐름은 더블린을 과거의 유산만이 아닌 새로운 도시 문화의 실험장으로 만들어가고 있다.

더블린에서 맥주를 마신다는 건 이 도시가 품은 이야기, 저항의 흔적, 예술의 결을 천천히 마주하는 일이다. 펍은 더 이상 단순한 음주 공간이 아니라 기억과 해방, 유머와 상상력이 공존하는 인문학의 실천장이다.

한 잔의 스타우트에 담긴 어두운 색깔과 고소한 깊이, 그리고 부드러운 거품 속에는 아일랜드 사람들의 유머와 생존의 지혜가 담겨 있다. 더블린은 그렇게, 맥주로 자신을 말하는 도시다.

12.
피렌체
르네상스의 심장

 피렌체(Firenze)는 르네상스의 발원지이자, 도시 전체가 인문학의 정원이다. 미켈란젤로의 조각과 단테의 문학, 마키아벨리의 정치사유와 메디치 가문의 미학이 겹겹이 쌓인 이곳은 도시 자체가 예술·철학·정치·일상이 긴밀히 얽힌 '살아 있는 인문학'이다. 그리고 오늘날의 피렌체에서는 이 고전적 감수성 위에 현대의 미각과 문화, 맥주와 공동체가 새롭게 얹히고 있다.

피렌체는 중세 말, 유럽에서 가장 역동적인 공화정 도시국가 중 하나로 떠올랐다. 메디치 가문이 후원한 예술과 학문, 인문주의자들의 활약은 곧 '인간이 중심이 되는 세계'라는 르네상스적 사유로 이어졌고, 그것은 도시 전체의 건축, 거리, 광장, 미술관, 서점, 심지어 일상적 언어에도 스며들었다.

산타 마리아 델 피오레 대성당, 우피치 미술관, 단테의 생가와 베키오 다리까지…. 피렌체는 거대한 '보는 인문학'의 공간이자, 예술과 철학이 실재하는 도시적 기호체계다.

이 도시의 인문성은 과거에만 머무르지 않는다. 시장과 거리, 골목 속 바와 광장은 오늘날에도 여전히 사람과 사람, 시간과 기억, 감각과 철학이 교차하는 무대다. 아침에는 카푸치노, 점심에는 토스카나 와인, 그리고 저녁엔 지역 맥주 한 잔으로 하루를 정리하는 피렌체 시민의 리듬은 르네상스적 감각의 현대적 실천이기도 하다.

이탈리아 와인의 중심지인 만큼 맥주는 한때 부차적 존재였지만, 최근 몇 년 사이 피렌체에서도 크래프트 맥주 문화가 빠르게 성장하고 있다.

피렌체는 이탈리아 북부 맥주 루트의 중요한 거점으로 떠오르고 있다. 고풍스러운 도시 공간에 어울리는 섬세한 브루어리와 펍들이 도심과 외곽에 하나둘 생겨나며, 르네상스적 미감과 현대적 맛의 융합을 보여준다.

Mostodolce Firenze는 피렌체 중앙역 근처에 있는 대표 수제맥주 펍으로, 벨지안 스타일과 IPA 등 다양한 수제 맥주를 선보인다. 지역 예술가들과 협업 전시도 함께 열리며, 맥주가 문화로 확장되는 방식을 보여준다.

Archea Brewery는 산토 스피리토 지구에 있는 작은 브루어리이자 예술과 커뮤니티의 거점이다. 창의적 레시피와 지역성 중심의 철학이 돋보인다.

Braumeister Firenze는 독일식 라거와 이탈리아 요리를 접목한 공간으로, 피렌체 시민들의 일상적 맥주 소비문화를 이끌고 있다.

이런 공간들에서는 맥주 시음을 통해 맥주와 도시의 사유적 접속이 일어난다.

피렌체에서 맥주 한 잔은 개인 입맛의 문제가 아니라, 도시의 감각과 기억을 몸으로 받아들이는 일이다. 르네상스 미술관을 본 뒤, 작은 광장에서 치아나 소시지와 함께 맥주 한 잔을 마시는 장면은, 감상과 체험이 자연스럽게 연결된 인문학적 행위다.

맥주는 이 도시의 과거와 현재, 예술과 일상, 유산과 혁신을 이어주는 다리다. 고대의 사유와 현대의 감각이 한 잔의 거품 위에서 조우하고, 그 속에서 도시와 내가 하나의 장면을 공유하게 된다.

13. 코펜하겐
균형과 공존의 도시, 크래프트 미학

코펜하겐(Copenhagen)은 북유럽 디자인의 수도이자, 공동체 중심 도시계획과 지속 가능한 삶의 철학, 그리고 일상의 균형 감각이 살아 있는 도시다. 동시에 안데르센의 동화가 자라난 곳이자, 현대 미식 혁명의 무대였고, 최근에는 북유럽식 크래프트 맥주 문화의

중심지로도 새롭게 떠오르고 있다. 이곳에서는 맥주 한 잔조차 도시의 철학과 삶의 방식, 그리고 공동체의 감수성을 드러내는 인문학적 기호처럼 읽힌다.

코펜하겐은 '사람 중심의 도시'라는 원칙을 철저히 지키고 있다. 자전거 도로가 자동차보다 우선이고, 도심 어디든 걸어서 이동할 수 있으며, 도시 설계 자체가 '불편하지 않은 느림'을 존중한다. 이것은 단순한 교통이나 외관의 문제가 아니라, 삶의 리듬과 가치에 대한 도시적 사유를 반영한 결과다.

이런 도시 철학은 시민의식, 공동체 감수성, 그리고 삶의 질이라는 키워드로 이어지며, 음식이나 음료, 특히 맥주 문화에도 자연스럽게 스며든다.

코펜하겐은 덴마크 맥주의 고향일 뿐 아니라, 21세기 들어 크래프트 맥주 르네상스를 이끌어온 핵심 도시 중 하나로 자리잡았다. 특히 세계적으로 유명한 '미켈러(Mikkeller)'는 맥주를 전통과 실험, 지역성과 세계성을 동시에 담아내는 감각적 예술로 확장시킨 대표 브랜드다.

Mikkeller & Friends는 맥주를 와인처럼 감상하는 문화와 실험적인 라인업, 감각적인 인테리어로 유명하다. To Øl (투 울)은 예술적 라벨과 진보적인 철학으로 주목받는 젊은 브루어리다. BRUS는 To Øl이 운영하는 브루펍으로, 양조장과 레스토랑, 커피 바, 커뮤니티 공간이 결합된 복합문화공간이다.

Warpigs는 미켈러와 미국 브루어리 3 Floyds가 협업해 만든 장소로, 바비큐와 맥주가 결합된 실험적인 맛의 공간이다.

 이런 공간들은 단순히 술을 마시는 장소가 아니라, 코펜하겐의 도시 감각을 구현하는 열린 실험실에 가깝다.

 덴마크의 맥주 문화는 북유럽 특유의 공동체 감수성과 깊이 연결돼 있다. 시끄럽게 취하거나 과도하게 마시는 것보다는, 조용히 함께 마시고 이야기 나누는 시간이 중요하게 여겨진다. 여기에 더해 많은 브루어리들은 지속 가능한 원료, 지역 작물, 재활용 가능한 병 등을 사용하며 도시의 친환경 철학과도 맥을 같이 한다.

 코펜하겐에서는 맥주와 더불어 전시, 강연, 음악 공연, 음식 페어 같은 다양한 프로그램도 함께 열리며, 펍과 브루어리는 단지 소비 공간을 넘어서 사람과 사람이 연결되고, 아이디어와 취향이 교차하는 열린 커뮤니티 공간으로 기능한다.

코펜하겐에서 맥주를 마신다는 건 가치관과 라이프스타일을 표현하는 방식이다. 얼마나 마시느냐보다는, 어디서 누구와 어떻게 마시는지가 중요하게 여겨진다.

세심하게 디자인된 맥주잔, 조용한 골목 끝의 창가 자리, 자전거를 세워두고 마시는 오후의 한 잔은 모두 코펜하겐이 추구하는 도시적 미학과 인문학적 실천을 보여주는 장면이다. 결국 이 도시는 한 잔의 맥주를 통해, 느리고 정직하게 살아가는 삶의 태도를 말하고 있다.

14.
바르샤바
파괴에서 재건으로

바르샤바(Warsaw)는 전쟁과 재건, 저항과 예술, 공동체와 기억이 켜켜이 쌓인 폴란드의 수도다. 20세기 격동의 시간을 통과한 이 도시는 이제 예술과 일상을 통해 상처를 치유하며, 스스로를 다시 쓰고 있다. 이곳에서는 맥주 한 잔조차 문화와 도시 정체성, 그리고 삶의 감각을 다시 새기는 인문학적인 매개체가 된다.

    2차 세계대전 당시 바르샤바는 도시의 85%가 파괴되었고, 이후 시민들이 직접 벽돌을 쌓아 도시를 복원했다. 지금의 구시가지(Old Town)는 전쟁 전 사진과 그림을 토대로 하나하나 되살려낸 공간이다. 이처럼 바르샤바는 기억을 복원하는 도시다.

    이런 복원의 감각은 맥주문화에도 자연스럽게 묻어난다. 독일과 체코 스타일의 전통 라거부터, 최근 등장한 실험적 수제맥주까지, 이 도시의 맥주는 과거와 현재가 함께 담긴 맛이다.

    폴란드는 원래 맥주에 강한 나라이지만, 2000년대 들어 바르샤바를 중심으로 크래프트 맥주 문화가 본격적으로 자리를 잡기 시작했다. 지금은 유럽 크래프트 맥주 씬에서 가장 빠르게 성장하는 도시 중 하나로 꼽힌다.

Czeska Baszta는 체코식 라거 문화를 도심 속에 옮겨놓은 듯한 펍이다. 나무 인테리어와 정갈한 분위기가 돋보인다.

PiwPaw는 50가지 이상의 생맥주를 갖춘 대표적인 수제맥주 펍으로, 청년층과 외국인들이 자주 찾는다.

Kufle i Kapsle는 신진 브루어리들의 맥주를 실험적으로 소개하는 공간이다. 깔끔한 디자인과 빈티지 감성이 조화를 이룬다.

이 외에도 Browar Artezan, Palatum, Funky Fluid 같은 독립 양조장들이 바르샤바 수제맥주 신의 중심을 이끌고 있다.

바르샤바의 펍은 카페처럼 조용하면서도 광장처럼 열려 있고, 박물관처럼 기억이 흐른다. 맥주는 세대를 잇고, 의견을 나누며, 때로는 정치와 문화를 이야기하는 도구가 되기도 한다.

이곳 사람들은 전쟁과 독재, 침묵의 시간을 지나면서 펍을 '말의 공간'으로 발전시켰다. 술 한 잔을 마시는 순간이, 말 그대로 사람과 사람이 연결되는 장면이 되는 셈이다.

바르샤바에서 마시는 맥주는 도시의 기억을 마시는 것과 다르지 않다. 구시가지 골목의 오래된 펍, 재건된 광장의 테라스, 혹은 비슬라강을 따라 걷다 우연히 들른 작은 브루어리에서 마시는 맥주 한 잔은 도시와 나 사이를 잇는 경험이다.

이 도시에서 맥주는 전쟁의 흔적 위에서 피어난 문화이며, 회복의 언어이고, 오늘날 폴란드를 말해주는 하나의 감각이다.

15.
바르셀로나
건축과 예술, 일상 속 철학

 바르셀로나(Barcelona)는 카탈루냐 정체성의 중심지이자, 건축과 예술, 공동체와 저항, 그리고 미식과 맥주가 어우러진 살아 있는 스페인의 인문학 도시다. 이곳에서는 가우디의 곡선과 피카소의 선, 시장의 소리와 골목의 향기, 그리고 한 잔의 맥주조차 도시의 기억과 감각을 되살리는 매개가 된다.

바르셀로나는 수세기 동안 중앙정부에 대한 정치적 저항과 지역 정체성 강화를 반복해 온 도시다. 1714년 스페인 왕위계승 전쟁에서 패한 이후 바르셀로나는 카탈루냐어와 자치권을 빼앗겼고, 프랑코 독재 시기에는 언어 사용마저 금지되었다. 그러나 그럴수록 예술과 거리, 음식과 대화 속에 자율성과 해방감, 공동체 감각이 더 뿌리내렸다. 오늘날 이 도시는 자신만의 언어와 문화, 감각으로 완성된 도시적 정체성을 갖고 있다.

가우디의 건축은 도시를 예술로 바꾸는 힘이다. 사그라다 파밀리아, 구엘 공원, 카사 밀라, 카사 바트요 같은 건물들은 단순한 관광지가 아니라 자연과 철학, 종교와 상상력이 교차하는 인문학적 공간이다.

　이 도시는 피카소, 미로, 타피에스처럼 세계적인 예술가들의 영감이 시작된 장소이기도 하며, 그 예술 정신은 바와 시장, 골목과 테라스에도 살아 있다. 바르셀로나에서의 일상은 도시 전체가 하나의 예술적 무대가 되는 방식으로 작동한다.

　보케리아 시장이나 산트 안토니 시장처럼 시민들과 관광객이 함께 오가는 공간은 향기와 소리, 색과 감정이 교차하는 열린 광장이다. 바르셀로나 사람들은 시장이나 광장에서 시간을 보내고, 주변 바에서 맥주를 곁들인 간단한 식사로 일상을 마무리한다.

　스페인 전통 맥주인 '에스트렐라 담(Estrella Damm)'은 바르셀로나에서 태어난 브랜드로, 이 도시의 대중성과 정체성을 함께 담고 있다. 최근에는 수제맥주 문화도 확산되며 다양한 지역 브루어리들이 등장하고 있다.

　Garage Beer Co.은 IPA와 페일에일 중심의 실험적인 스타일로 유명하다. Edge Brewing은 미국 양조기술을 도입해 세계 무대에서도 인정받은 크래프트 맥주를 생산한다. La Pirata, Brewdog Barcelona 등 다양한 취향과 감각을 품은 맥주 커뮤니티가 성장 중이다. 이러한 공간에서는 맥주가 예술, 대화, 공동체적 여유의 매개가 된다.

바르셀로나의 낮에는 해변에서, 저녁에는 골목 바에서, 혹은 현대미술관 근처 광장에서, 맥주 한 잔은 도시의 리듬을 음미하고, 삶의 감각을 확인하는 방식이 된다.

이 도시에서 맥주는 자유를 음미하는 매개체이며, 언어를 초월한 관계의 도구이고, 예술과 일상 사이를 연결하는 감각적 징후다. 한 잔의 맥주는 그렇게 바르셀로나라는 도시의 철학을 마시는 방식이다.

16.
샌디에이고
햇살과 자유의 도시

샌디에이고(San Diego)는 미국 캘리포니아 남부에 있는 항구 도시로, 따뜻한 기후와 해변 문화, 해군 기지, 그리고 국경 도시로서의 복합적인 정체성을 지닌 곳이다. 여기에 '미국 크래프트 맥주의 수도'라는 별칭까지 더해지며, 이 도시는 단순히 맥주를 소비하는 공

간을 넘어, 맥주 자체가 도시 정체성과 지역 공동체를 설명하는 감각의 언어로 작동한다. 바다와 태양, 자유와 실험이 공존하는 샌디에이고에서는 맥주 한 잔이 곧 도시를 읽는 하나의 키워드가 된다.

샌디에이고는 기후, 지리, 역사 모든 면에서 '열림'을 상징하는 도시다. 연중 따뜻하고 맑은 날씨, 태평양과 맞닿은 지형은 개방성과 여유, 그리고 실험적인 기질을 만들어냈다. 이런 기후적·지리적 조건은 도시의 라이프스타일, 음식 문화, 맥주 산업 전반에 고스란히 반영되어 있다.

이곳은 멕시코 국경과도 가까워 다문화적 감수성이 강하고, 해군 기지 등 군사적 기능도 있어 다양한 배경의 사람들이 공존한다. 샌디에이고의 크래프트 맥주 문화는 바로 이런 이질성과 다양성, 실험과 개방성 위에서 성장했다.

1990년대부터 샌디에이고는 미국 수제맥주 붐을 선도한 도시로 자리 잡았다. 지금은 150개가 넘는 브루어리와 펍이 있고, 'IPA의 수도(Capital of IPA)'로 불릴 만큼 미국 서부식 IPA 문화의 핵심지로 인정받는다.

Stone Brewing은 샌디에이고를 대표하는 브루어리로, 강렬한 홉 향과 독특한 브랜드 감성으로 전 세계 팬층을 확보하고 있다.

Ballast Point는 홈브루어들이 시작한 브랜드로, Sculpin IPA는 미국을 대표하는 IPA 중 하나다.

Modern Times Beer는 커피, 디자인, 페미니즘 등 다양한 문화를 맥주와 결합해 실험적인 브랜드 세계를 만들어낸다.

이 외에도 Green Flash, AleSmith, Coronado Brewing 등 다양한 브루어리들이 샌디에이고의 맥주 지형을 풍성하게 만들고 있다.

이 브루어리들은 단지 맥주를 만드는 공간이 아니라, 지역 공동체의 실험실이자 도시 문화를 상징하는 장소로 자리 잡고 있다.

샌디에이고에서는 브루어리 투어가 일상적인 도시 경험 중 하나다. 각 지역마다 독립 양조장이 자리 잡고 있고, 맥주와 어울리는 음식, 팝업 공연, 예술 전시, 커피와 맥주의 콜라보 등 다양한 복합 문화 경험이 펼쳐진다.

매년 열리는 San Diego Beer Week는 미국 내에서 가장 큰 맥주 행사 중 하나로, 수백 종의 수제맥주가 시음되고 수천 명이 참여하는 지역 축제로 자리 잡았다.

샌디에이고에서 맥주는 공공성과 실험정신, 지역성과 감각의 접점에 위치한 도시적 상징이다. 이 도시에서 맥주는 남캘리포니아 특유의 자유로움, 진보적인 소비문화, 그리고 로컬 커뮤니티 중심의 문화 흐름과 긴밀하게 연결되어 있다.

　IPA 한 잔을 마신다는 건, 강렬한 햇살과 바닷바람, 창의적 도시 감각을 함께 마시는 일이다. 해변에서 라거 한 병을 나누며 기타를 치는 친구들과 이야기를 나누는 순간, 그것은 단지 여유가 아니라 샌디에이고가 말하는 '함께 있는 자유'의 풍경이 된다.

17.
시카고
산업과 감각의 재해석

시카고(Chicago)는 미국 중서부를 대표하는 도시이자, 산업화의 상징과 재건의 도시, 재즈와 건축, 인종과 계급, 정치와 예술이 복합적으로 얽힌 도시 인문학의 현장이다. 이곳은 겉으로는 강철과 유리의 도시처럼 보이지만, 그 속에는 공동체의 기억, 이민자의 이

야기, 거리의 감각이 깊이 깔려 있으며, 최근 들어 크래프트 맥주 문화는 이 도시의 다양성과 실험성을 가장 세련되게 드러내는 감각의 매개로 자리 잡고 있다.

1871년 대화재 이후 완전히 새로 지어진 시카고는, 도시 재건의 상징이자 근대 도시계획의 실험장이었다. 루이스 설리번과 프랭크 로이드 라이트로 이어지는 건축 혁신은 '높이'와 '형태'를 바꾸었고, '시카고 스쿨'은 도시 그 자체가 사고와 철학의 대상이 될 수 있음을 보여주었다.

한편, 시카고는 이민과 노동, 인종과 계급이 충돌하고 공존한 도시이기도 하다. 흑인 대이주(Great Migration), 노동운동, 재즈 클럽과 거리 문화까지, 이 도시의 리듬은 언제나 현장성과 긴장, 그리고 다원성에서 나온다.

전통적으로 시카고는 독일계와 폴란드계 이민자들이 만들어낸 라거와 필스너 중심의 맥주문화가 뿌리내린 곳이다. 하지만 2000년대 이후 크래프트 맥주 문화가 확산되면서, 다양성과 창의성, 지역성을 바탕으로 한 새로운 맥주 세계가 도시를 재구성하기 시작했다.

　Goose Island Beer Company는 1988년 설립된 시카고 최초의 크래프트 브루어리다. Bourbon County Stout는 배럴 숙성 맥주의 대표작으로 꼽힌다.

　Revolution Brewing은 진보적 정치 감수성과 도시적 감각을 결합한 대표적 브랜드. 홉 중심의 IPA뿐 아니라 밀맥주, 포터 등 폭넓은 라인업을 자랑한다.

　Half Acre Beer Compan는 도시 북부 지역을 중심으로 독창적인 라벨과 강렬한 맛의 IPA로 주목받고 있다.

Maplewood, Dovetail, Moody Tongue은 각각 독일식 전통, 감각적 디자인, 미식 페어링에 특화된 감성으로 시카고의 맥주 다양성을 이끈다. 이 브루어리들은 도시의 문화적 실험장으로 기능한다.
　시카고의 브루어리와 펍은 단순한 술집이 아니다. 로컬 농산물과 협업하고, 흑인·여성·퀴어 양조자들이 목소리를 내며, 커뮤니티 이벤트와 지역 예술과 결합한 다양한 프로그램이 일상적으로 펼쳐진다.
　예를 들어, Brewers of the South Side는 도시 남부의 소외된 지역사회와 연계된 크래프트 브루잉 협업 프로젝트이며, Open Outcry Brewing은 사회적 기업 모델을 도입해 지역 청년 고용과 교육을 연계하고 있다. 맥주는 단지 마시는 것이 아니라, 도시 회복과 관계의 재구성 방식이 되고 있는 셈이다.
　시카고에서 한 잔의 맥주는 이 도시가 가진 고유한 리듬과 공간, 계층, 기억을 감각적으로 받아들이는 일이다. 한 잔의 스타우트 속에 대화재 이후 도시를 다시 세운 사람들의 숨결이 있고, IPA의 쌉쌀한 여운 속에는 강철과 재즈, 이민과 예술이 뒤섞인 시카고의 도시적 성격이 배어 있다.
　펍과 거리, 브루어리 투어와 테이스팅 룸은 이 도시의 정체성과 미래를 함께 고민하는 사유의 장이자 실천의 공간이 된다.

18. 보스톤
맥주로 읽는 독립운동의 흔적

보스턴(Boston)은 미국에서 가장 오래된 도시 중 하나이자, 지성과 혁명, 전통과 개혁이 함께 살아 있는 도시다. 하버드와 MIT 같은 세계적인 대학들이 자리한 학문의 중심지이기도 하고, 미국 독립전쟁의 출발점이 되었던 정치적 상징의 도시이기도 하다. 동시에 고전적인 동부의 분위기와 현대 도시문화가 어우러진, 지적인 도시 미감이 살아 있는 곳이다. 이 도시에서의 맥주문화는 보스턴의 역사와 공동체, 정체성을 감각적으로 음미하는 방식이기도 하다.

1773년 '보스턴 차 사건(Boston Tea Party)'은 미국 독립전쟁의 불씨가 되었고, 이후 보스턴은 미국 자유정신의 상징처럼 여겨져 왔다. 동시에 하버드대학교, 보스턴대학교, 터프츠, MIT 같은 유수의 교육기관들이 모여 있어, 지적 전통과 공공 토론 문화가 일상적으로 자리 잡은 도시이기도 하다.

이런 도시적 성격은 자연스럽게 음식과 맥주 문화에도 스며들어 있다. 보스턴의 맥주는 전통과 실험, 대중성과 지성이 어우러진 특징을 지니며, 도시의 분위기를 그대로 담고 있다.

보스턴의 맥주 이야기는 맛이나 양조 기술에 관한 것을 뛰어넘는 역사적 에피소드다. 독립운동의 상징인 새뮤얼 애덤스(Samuel Adams)는 실제로 정치가이자 양조인이었고, 그의 이름을 딴 Samuel Adams Boston Lager는 오늘날에도 여전히 보스턴을 대표하는 맥주 브랜드로 사랑받고 있다. 이 맥주는 단순한 라거를 넘어서, 역사와 상징성을 함께 담고 있는 맥주다.

그 외에도 보스턴 전역에는 전통 양조장과 브루펍들이 곳곳에 자리하고 있으며, 이들은 과거와 현재를 잇는 감각의 고리 역할을 하고 있다.

보스턴은 미국 크래프트 맥주 운동 초창기부터 핵심적인 도시였다. 오늘날에도 수많은 신진 브루어리들이 보스턴의 역사적 감성과 지성을 현대적으로 해석하며, 독창적인 맥주 스타일을 실험하고 있다.

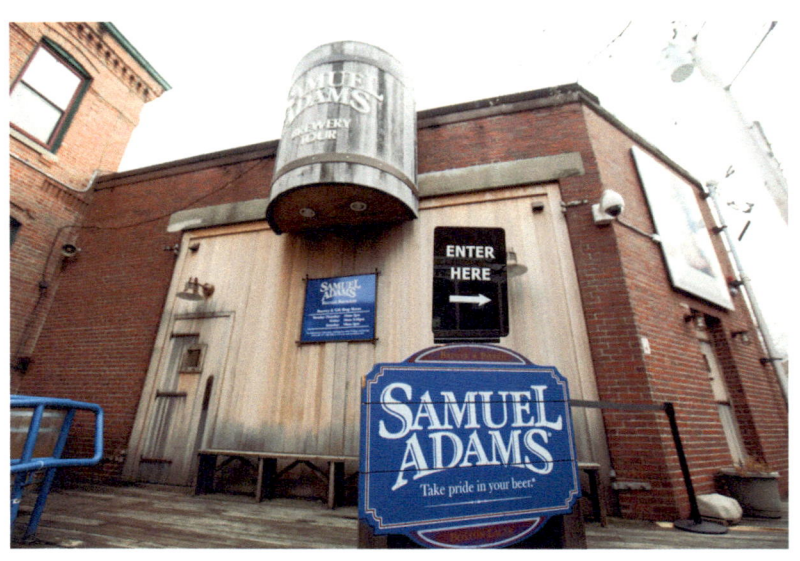

　Samuel Adams (Boston Beer Company)는 미국 수제맥주 부흥을 이끈 브랜드. Boston Lager는 지금도 클래식한 맥주로 사랑받고 있다.

　Harpoon Brewery는 보스턴에서 가장 친근한 브루어리 중 하나. 커뮤니티 중심 경영과 Harpoon IPA로 잘 알려져 있다.

　Trillium Brewing Company는 도시 농업과 디자인 중심 브랜딩을 결합한 감각적인 브루어리. 지역성과 현대적 스타일이 조화를 이룬다.

　Night Shift Brewing은 커피, 음악, 예술 등 다양한 요소를 맥주에 접목한 하이브리드 양조 문화를 실험하고 있다.

이 브루어리들은 실험적인 맥주 제조 공간을 넘어, 지속가능성과 공동체, 창조성을 실천하는 문화 공간으로 기능을 하고 있다.

보스턴에서 마시는 맥주는 이 도시가 가진 지적 전통, 공동체적 삶, 역사적 정체성을 몸으로 받아들이는 행위다. 펍에서 나누는 대화는 종종 철학이나 정치 이야기로 이어지고, 지역 맥주와 음식의 조합은 보스턴 특유의 감각을 보여준다.

브루어리 투어나 로컬 이벤트는 시민들이 자신이 속한 도시를 다시 읽고 해석하는 계기가 되기도 한다. 결국 한 잔의 맥주는 이 도시의 혁명과 사유, 전통과 현재를 함께 마시는 지적인 경험이 되는 셈이다.

19.
토론토
공존의 도시, 실험성과 다양성

 토론토(Toronto)는 캐나다에서 가장 큰 도시이자, 다양한 문화와 사람들이 공존하는 도시다. 이곳은 전통적인 유럽 감성과 아시아의 활력, 이민자들의 역사와 첨단 도시 인프라가 어우러지며, 단일한 정체성보다는 오히려 혼합성과 다양성 자체를 도시의 성격으로 삼

는다. 이런 도시적 특성은 음식문화에도 스며들어 있고, 특히 크래프트 맥주 문화 속에서 더 뚜렷하게 드러난다. 맥주 한 잔을 마시는 일이 이 도시를 감각적으로 경험하고 이해하는 방식이 되는 셈이다.

토론토는 세계에서 가장 다양한 민족이 모여 사는 도시 중 하나다. 인구의 절반 이상이 이민자 출신이고, 코리아타운, 리틀 이탈리아, 차이나타운, 인디언 마켓 등 각 커뮤니티가 도시 안에 자연스럽게 어우러져 있다. 거리에서는 영어와 프랑스어는 물론, 중국어, 아랍어, 힌디어, 한국어 등 다양한 언어가 들려온다.

이런 풍경 속에서 맥주는 다양한 정체성과 취향을 부드럽게 연결해주는 매개체가 된다.

　토론토의 맥주 문화는 오랜 전통을 가지고 있다. 19세기 말부터 독일과 아일랜드계 이민자들이 가져온 양조기술이 바탕이 되었고, 라거와 필스너 중심의 스타일이 자연스럽게 자리 잡았다. 하지만 오늘날 이 전통은 새로운 세대의 브루어리들에 의해 좀 더 창의적이고 지역적인 방식으로 다시 쓰이고 있다.

　맥주는 이 도시의 문화 다양성을 담아내는 방식으로 발전해왔다. 음식, 공동체, 사회적 메시지, 환경감수성 등 다양한 가치를 담아낸 맥주들이 만들어지고, 이는 도시 정체성을 다시 구성하는 하나의 문화 행위가 되었다.

　토론토에는 지금 수십 곳의 크래프트 브루어리들이 운영되고 있다. 이들은 각자만의 방식으로 도시의 분위기를 맥주에 담아내고 있다. 북미식 IPA나 독일식 라거뿐만 아니라, 사워에일, 과일맥주,

　심지어 문화적 상징을 담은 융합 스타일까지 맥주의 스펙트럼은 매우 넓고 자유롭다.

　Steam Whistle Brewing은 전통 독일식 필스너를 현대적으로 해석한 브랜드로, 유니언역 옆의 역사적 건물에 자리하고 있다.

　Bellwoods Brewery는 IPA와 사워에일, 배럴 숙성 맥주를 실험하면서 예술적인 감각과 창의성으로 주목받는다.

　Blood Brothers Brewing은 독특한 맛과 스토리텔링으로 젊은 층 사이에서 인기를 끌고 있다.

　이 외에도 Amsterdam Brewery, Left Field Brewery, Henderson Brewing 등은 지역성과 문화적 연결성을 중시하며 맥주를 만든다.

토론토에서 즐기는 한 잔의 맥주는 이 도시가 품고 있는 이야기, 사람들 사이의 관계, 공동체의 감정을 함께 나누는 방식이다. 브루어리에서 열리는 북토크, 소규모 콘서트, 사회적 연대 행사 같은 프로그램들을 보면, 맥주는 이 도시에서 문화를 나누고 대화하는 방법으로 자리 잡고 있다는 걸 알 수 있다. 그래서 토론토의 맥주는 감각적인 도시의 말하기 방식, 혹은 유동하는 인문학의 형태라고 할 수 있다.

20.
프라이징
천 년의 전통과 과학의 만남

프라이징(Freising)은 독일 바이에른 남부에 있는 작고 고요한 도시지만, 맥주의 역사와 인문학이 깊이 스며든 곳이다. 뮌헨에서 북쪽으로 30km 정도 떨어져 있고, 천 년이 넘는 역사를 자랑하는 이 도시는 세계에서 가장 오래된 양조장이 있는 도시로도 유명하

다. 이곳에서는 맥주가 종교와 과학, 전통과 기술이 함께 살아 있는 문화의 한 형태로 받아들여진다.

프라이징은 8세기경부터 주교좌가 설치된 교구 중심지였다. 도시 중심에 있는 프라이징 대성당은 바이에른 지역의 대표적인 종교 건축물 중 하나로, 지금도 도시의 정신적인 중심 역할을 한다. 오랜 세월 동안 이곳은 신학과 종교 교육의 거점이자, 문화와 공동체의 중심이었다.

그와 동시에 프라이징은 맥주 양조 전통과 과학이 공존하는 도시로 발전했다. 바로 이 도시에 세계에서 가장 오래된 양조장인 '바이엔슈테판(Weihenstephan)'이 자리하고 있다.

바이엔슈테판 양조장은 1040년 설립된 이후 지금까지 운영되고 있다. 원래는 베네딕트 수도원이 운영하던 양조장이었지만, 지금은 뮌헨공과대학교(TU München)의 부속 기관이 함께 운영하면서 양조학 교육과 맥주 연구의 중심지 역할도 하고 있다.

이곳에서 만들어지는 맥주는 전통적인 독일 스타일을 따르면서도, 과학적이고 체계적인 접근이 더해져 있다. 헬레스(Helles), 바이스비어(Weißbier), 둔켈(Dunkel) 같은 독일식 맥주들은 이곳에서 여전히 매우 정교하게 양조된다. 프라이징의 맥주는 말 그대로 시간과 기술, 장인의 손맛이 녹아 있는 한 잔이다.

프라이징을 걷다 보면, 한쪽에선 성당의 종소리가 들리고 다른 한쪽에선 양조장의 홉 향이 풍겨온다. 이곳에서는 맥주가 종교적 절제와 공동체 정신 그리고 기술과 감각이 교차하는 지점에 있다. 맥주 한 잔 속에는 중세 수도원의 전통, 바이에른의 자부심, 현대 양조 과학의 성취가 동시에 담겨 있다. 이 도시의 시간과 정신을 함께 나누는 인문학적 사유의 시간이다.

21.
뉘른베르크
황제와 시민의 공존

 뉘른베르크(Nürnberg)는 독일 바이에른 주 북부에 있는 도시로, 중세부터 이어져 온 황제의 도시이자 시민의 도시, 그리고 맥주와 소시지, 공예가 살아 있는 역사 도시다. 신성로마제국 황제의 거처이자 알브레히트 뒤러 같은 예술가의 고향이기도 한 이곳은, 정치

와 예술, 상업과 장인의 전통이 함께 어우러져 발전해왔다. 그런 만큼 이 도시에서 마시는 맥주는 단순한 음료가 아니라, 도시의 시간과 사람들의 기억을 담은 맛이라고 할 수 있다.

중세 시대 뉘른베르크는 신성로마제국 황제가 즉위하던 도시로, 정치적으로 아주 중요한 위치를 차지하고 있었다. 동시에 상공업이 발달하면서 자유로운 시민문화와 장인정신이 자리를 잡은 도시이기도 했다. 덕분에 이곳에서는 맥주도 자연스럽게 시민의 손으로 만들어지고 즐겨졌고, 도시 정체성의 일부가 되었다.

뉘른베르크는 남부 독일 도시 중에서도 일찍부터 다양한 맥주 스타일이 발전한 지역이다. 특히 이 지역 특유의 Rotes Bier는 맥아의 풍미가 진하고 약간의 단맛과 붉은빛이 도는 것이 특징이다. 또 Kellerbier는 여과하지 않은 상태로 숙성된 자연주의적인 맥주이고, Schwarzbier는 몰트 향이 풍부한 다크 라거다.

이런 맥주들은 뉘른베르크 소시지(Nürnberger Rostbratwurst)와 함께하면 더욱 잘 어울린다. 말 그대로 지역의 맛과 향이 조화를 이루는 순간이다.

뉘른베르크 구시가지 아래에는 오랜 시간 동안 맥주를 숙성하고 저장하던 지하 공간들이 이어져 있다. 중세부터 사용된 이 저장고는 온도와 습도가 일정하게 유지되어 맥주 보관에 이상적인 장소였다. 지금은 관광객과 시민들이 브루어리 투어나 체험 프로그램을 통해 맥주와 함께 도시의 역사도 체험할 수 있는 공간으로 바뀌었다.

현재 뉘른베르크에는 전통을 지키면서도 현대적 감각을 접목한 브루어리들이 여럿 있다.

Hausbrauerei Altstadthof는 Rotes Bier를 중심으로 옛 맥주 스타일을 복원하고 현대화하는 데 힘쓰고 있다.

Barfüßer는 현지인과 관광객 모두가 편하게 찾는 펍 브루어리로, 신선한 맥주와 전통 음식이 잘 어울리는 공간이다.

Schanzenbräu는 젊은 감성과 사회적 참여가 돋보이는 브루어리로, 지역 커뮤니티와의 연계 활동도 활발하게 하고 있다.

뉘른베르크에서 맥주는 이 도시의 역사와 사람들의 삶이 담긴 이야기다. 잘 구운 소시지 한 접시, 붉은빛 맥주 한 잔, 그리고 벽돌 건물 사이로 흐르는 따뜻한 대화 속에서 도시의 기억과 감정, 공동체의 시간이 조용히 흐른다.

22.
밤베르크
연기의 도시, 천 년의 골목

밤베르크(Bamberg)는 독일 바이에른 프랑켄 지역에 있는 작은 도시지만, 천년 가까운 도시 구조와 맥주문화가 거의 그대로 보존되어 있는 곳이다. 유네스코 세계문화유산으로 지정된 이 도시는, 건축과 풍경만큼이나 맥주로도 유명하다. 특히 이곳에서만 맛볼 수 있는 독특한 '훈제 맥주(Rauchbier)'는 단순한 지역 특산품이 아니라, 도시의 성격과 전통, 장인의 시간을 담아낸 맛이라고 할 수 있다.

밤베르크는 신성로마제국 황제 하인리히 2세가 대주교구를 세우며 발전하기 시작했고, 지금까지도 중세 건물이 거의 원형 그대로 보존돼 있다. 대성당, 구 시청, 레겐츠강을 가로지르는 구시가지 등은 도시 전체가 하나의 박물관처럼 느껴질 정도다.

이런 도시 분위기 속에서 맥주는 그냥 곁에 있는 음료가 아니라, 그 시대를 살던 사람들이 그대로 마셨을 법한 맛과 풍경을 연결해주는 감각의 통로가 된다.

이 도시를 대표하는 맥주는 단연 라우흐비어, 즉 훈제 맥주다. 라우흐는 독일어로 '연기'를 뜻하고, 이 맥주는 맥아를 훈연해 만든다. 그래서 마시면 불향, 나무향, 햄이나 장작구이 같은 풍미가 느껴진다. 입에 감도는 단맛도 은근하고, 마실수록 중독성이 있다.

'슐렌커를라(Schlenkerla)'는 1400년대부터 이어져 온 브루어리로, 세계에서 가장 유명한 훈제 맥주 브랜드다. 전통적인 방식 그대로 나뭇불에 맥아를 건조해 만든다.

'스페치알(Spezial)'은 보다 부드럽고 가벼운 스타일의 라우흐비어를 내놓는 브루어리다. 훈연 향이 더 은은하게 퍼진다.

이 외에도 밤베르크엔 오래된 가정식 브루어리들이 곳곳에 있고, 각자 고유한 방식으로 훈제 맥주를 만든다.

밤베르크의 맥주는 펍에서 마시는 맛보다도, 그 장소와 사람, 분위기까지 함께 마시는 것이 더 중요하다. 특히 슐렌커를라 같은 전통 펍에 가면 나무 벤치에 앉아, 낯선 이와 테이블을 함께 쓰며 맥주 한 잔을 나누는 일이 아주 자연스럽다.

이 도시는 프랑켄 지역의 맥주문화 중심지이기도 해서, 인근 마을들까지 합치면 60개가 넘는 브루어리가 있다. 밤베르크는 그 중심 도시로서, 각 마을의 맛과 철학을 잇는 맥주문화의 허브 역할을 해왔다.

밤베르크에서 훈제 맥주를 마시는 일은 불의 역사와 지역의 시간, 장인의 손길과 공동체의 기억을 함께 마시는 일이다. 도시가 시간을 품고 있듯이, 맥주도 시대와 이야기를 안고 있다.

골목을 걷다가 나무 간판이 달린 브루어리를 만나고, 나무 탁자에 앉아 연기 나는 맥주를 한 모금 마시는 순간, 그것이 바로 밤베르크를 진짜로 느끼는 방식이다.

23.
쾰른
도시의 정체성을 담은 쾰시

쾰른(Köln)은 독일 라인강가에 자리한 오래된 도시로, 로마 제국부터 이어진 역사와 현대 도시의 활력이 함께 살아 있는 곳이다. 웅장한 대성당과 활기찬 카니발, 그리고 사람들의 유쾌한 삶의 방식이 도시 전역에 자연스럽게 녹아 있다. 쾰른을 느껴보고 싶다면,

꼭 한 번 마셔야 할 것이 있다. 바로 쾰쉬(Kölsch)다. 이 맥주는 쾰른 사람들에게 도시의 성격과 기질을 담은 일상의 일부다.

쾰른은 고대 로마에서 시작된 도시다. 지금도 곳곳에서 로마 유적이 보이고, 중세 시절부터 유럽 무역과 종교의 중심지로 성장해 왔다. 사람들도 그렇다. 역사 깊은 도시이지만 무겁거나 폐쇄적이지 않고, 오히려 개방적이고 유쾌한 기운이 느껴진다.

쾰쉬도 이런 성격을 닮았다. 가볍고 맑은 색, 은은한 과일향, 깔끔한 맛. 처음엔 단순한 라이트 비어처럼 느껴지지만 마실수록 쾰른다운 '경쾌함'이 입안에 남는다.

쾰쉬는 어떻게 마시는가가 중요하다. 쾰쉬는 전용 유리잔(슈탕에)에 담겨 0.2리터씩 서빙된다. 작은 잔에 자주 따라 마시는 방식인데, 이건 단순히 '작게 마시자'가 아니라, 신선한 상태로 오래 대화하자는 쾰른 사람들의 습관에서 비롯됐다.

또 쾰른의 전통 펍에 가면 쾰너(Köbes)라는 웨이터가 주문하지 않아도 알아서 새 잔을 가져다준다.

마시기 싫으면 잔 위에 컵받침을 덮으면 된다. 이런 모든 과정이 쾰쉬를 마시는 문화이자, 도시 사람들의 리듬이 된다.

쾰른 시내에는 지금도 수많은 쾰쉬 브루어리가 운영되고 있다. 대성당 근처에 있는 Früh Kölsch는 관광객과 현지인이 모두 찾는 전통적인 공간이고, Reissdorf는 부드럽고 단맛이 도는 쾰쉬로 인기다. Gaffel은 좀 더 드라이한 스타일이고, Päffgen이나 Sion, Mühlen 같은 곳은 골목 안의 오래된 분위기를 그대로 간직하고 있다.

이 브루어리들은 맥주를 파는 곳인 동시에, 사람들과 이야기하고 일상을 나누는 공간이기도 하다.

　쾰쉬를 마신다는 건 이 도시가 가진 태도, 리듬, 사람들 사이의 거리감을 자연스럽게 느끼는 방식이다. 대성당 종소리가 멀리 들리고, 라인강 바람이 살랑 불고, 옆 테이블에서는 낯선 사람들이 웃으며 말을 건네는 그런 풍경 속에서, 한 잔의 쾰쉬가 도시와 나를 이어주는 매개가 된다.

24.
잘츠부르크
소금길 위에서 피어난 도시

 잘츠부르크(Salzburg)는 오스트리아 알프스 자락에 자리한 아름다운 도시다. 이곳은 단순히 모차르트의 고향이나 관광지로 알려진 곳이 아니라, 소금무역으로 번성했던 역사, 음악으로 빛난 문화, 그리고 일상의 맥주 한 잔 속에 스며든 정체성이 함께 살아 있는 공

간이다. 도시를 천천히 걷다 보면, 잘츠부르크에서는 건축과 소리, 음식과 술, 사람과 시간이 자연스럽게 이어져 있다는 걸 몸으로 느낄 수 있다.

　잘츠부르크라는 이름 자체가 '소금의 성(城)'이라는 뜻이다. 알프스를 넘는 길목에서 중요한 소금무역의 거점이었고, 주교가 다스리는 독립된 도시국가로 오랫동안 자치와 번영을 누려왔다. 지금도 구시가지를 걸으면 대성당, 요새, 중세 골목길 곳곳에 이 도시만의 기품과 자존심이 묻어 있다.

　그런 도시 풍경 안에서 맥주는 늘 일상의 일부이자 사람들을 잇는 매개로 자연스럽게 자리를 잡아왔다.

　잘츠부르크엔 오래된 전통을 지닌 브루어리들이 지금도 활발하게 운영되고 있다. 대표적으로 두 곳을 꼽자면 이렇다.

　Stiegl은 1492년부터 이어져 온 브루어리다. 지금은 단순한 맥주 공장을 넘어서 맥주 박물관, 시음 공간, 야외 정원까지 갖춘 복합 문화공간으로 자리잡고 있다. Stiegl Goldbräu는 깔끔하고 밝은 라거로 가장 잘 알려져 있다.

　Augustiner Bräu Mülln은 수도원에서 출발한 브루어리다. 넓은 비어홀에 전통적인 도자기잔(크룩)에 담긴 맥주가 나오고, 사람들이 직접 음식을 골라 가져다 먹는 방식이다. 이곳은 단지 술 마시는 곳이 아니라, 도시 사람들의 일상이 모이는 곳이다.

　이 브루어리들은 관광객도 많지만, 여전히 지역민들에게 더 친숙한 '일상 속 장소'로 존재한다.

잘츠부르크는 모차르트의 도시다. 음악이 도시의 공기라면, 맥주는 그 안에서 사람들끼리 감각을 나누는 매개라 할 수 있다. 여름 밤엔 맥주 정원에서 음악이 울려 퍼지고, 공연이 끝난 후 들르는 펍에서는 사람들이 간단한 대화를 나누며 맥주를 마신다. 격식 있는 예술과 편안한 맥주가 같은 공간에서 자연스럽게 만나는 도시, 바로 그런 곳이 잘츠부르크다.

잘츠브루그에서 누리는 맥주 한 잔의 여유는 소금의 도시에서 흘러온 시간, 사람들의 기억, 건축과 골목의 이야기, 그리고 삶의 리듬을 함께 마시는 일이다. 브루어리 야외 테이블에 앉아 한 잔을 기울이며 강을 바라보고, 요새를 올려다보는 그 순간, 맥주는 이 도시를 느끼는 감각적인 창이 되어준다.

25.
브뤼셀
유럽의 심장, 감각의 도시

　브뤼셀(Brussels)은 유럽연합의 중심이자 벨기에의 수도이지만, 이 도시는 행정만으로는 설명되지 않는다. 예술, 저항, 음식, 그리고 맥주까지, 이성과 감성, 전통과 실험이 공존하는 도시다. 그리고 그 중심에는 아주 특별한 맥주가 있다. 바로 람빅(Lambic)이다. 브뤼셀의 맥주는 단순히 갈증을 채우는 음료로 치부할 수 없다. 도시의 기질과 철학, 그리고 자연과 시간을 담은 감각적인 언어다.

브뤼셀은 행정의 도시이기도 하지만, 예술의 도시이기도 하다. 거리 곳곳에서 마그리트의 흔적이 보이고, 초현실주의와 다다이즘 같은 반예술 운동의 정신이 도시 구석구석에 살아 있다. 고딕 성당 옆에 아르누보 건축이 서 있고, 거리 벽화와 비어펍이 자연스럽게 어우러진다.

이렇게 자유롭고 다층적인 도시에서 맥주는 당연히 특별하다. 틀에 갇히지 않고, 자연과 우연을 받아들이는 방식으로 만들어진다.

람빅은 다른 맥주와 다르게 야생 효모로 발효된다. 인공 효모를 쓰지 않고, 브뤼셀 공기 중에 떠다니는 자연 효모가 발효를 이끈다. 덕분에 맥주 맛은 매우 독특하다. 처음 마시면 새콤하고, 약간 떫고, 때론 나무향과 흙내음까지 느껴진다. 하지만 마실수록 묘하게 빠져든다. 시간과 자연이 함께 만든 맛이기 때문이다.

람빅에는 여러 스타일이 있다. 괴즈(Gueuze)는 오래된 람빅과 젊은 람빅을 섞어 병 안에서 다시 발효시킨 샴페인 같은 맥주다. 크릭(Kriek)은 람빅에 체리를 넣고 숙성한 과일맥주다. 프람부아즈(Framboise)는 라즈베리를 넣어 만든 상큼한 스타일이다.

이 모든 맥주들은 정형화되지 않은 발효의 아름다움, 그리고 기다림이 만들어내는 복합적인 맛을 담고 있다.

브뤼셀에는 지금도 오랜 전통을 지닌 브루어리들이 살아 있고, 현대적인 감각을 가진 공간도 함께 존재한다. Brasserie Cantillon은 1900년부터 이어져 온 람빅 양조장이다. 지금도 손으로 맥주를 만들고, 그 과정을 그대로 보여준다. Brasserie de la Senne는 조금 더 현대적인 감각을 가지고 있지만, 브뤼셀의 지역성과 공동체 감수성을 소중히 여기는 양조장이다. Moeder Lambic은 다양한 독립 브루어리의 맥주를 소개하는 펍이자, 람빅 문화의 확산 거점으로 통한다.

　이런 공간은 단순히 술을 파는 곳이 아니라, 사람과 시간, 도시의 철학이 모이는 문화적 장소다.

　브뤼셀 노상 펍에서 즐기는 수도원 맥주는 규칙보다 감각을 따르고, 속도보다 시간을 존중한다. 계획보다도 우연을 믿고, 복잡함을 두려워하지 않는다.

　람빅 맥주 한 잔을 천천히 마시는 순간, 자연과 사람이 만나고, 도시와 내가 연결되는 감각이 스며든다. 그것이 브뤼셀이 맥주를 통해 전하고자 하는 말일지도 모른다.

26
브뤼주
조용하게 흐르는 중세의 시간

 브뤼주(Brugge)는 벨기에 북서쪽 플랑드르 지방에 자리한 고요한 운하 도시다. '북쪽의 베네치아'라는 별명이 붙을 만큼, 도시 전체가 중세의 정서를 고스란히 간직하고 있다. 석조 다리와 고딕 양식의 건물들, 수로를 따라 흐르는 잔잔한 물결, 하늘 위로 솟은 종탑과 붉은 지붕의 성당들까지, 이 모든 풍경이 마치 한 장의 정교한 유화처럼 느껴진다.

브뤼주는 시간을 재촉하지 않고, 사람을 조용히 붙잡아 둔다. 여백과 침묵, 속도의 부재가 만들어낸 감각의 도시. 이곳에서는 맥주조차도 소란스러운 음료가 아니다. 오히려 풍경과 시간을 부드럽게 감싸주는 조용한 동반자에 가깝다.

중세 시기, 브뤼주는 한자동맹의 핵심 도시로 번성하며 유럽 무역의 중심에 있었다. 북해로 통하는 항구를 통해 플랑드르의 직물과 상업이 활발하게 오갔고, 유럽 북부에서 가장 부유한 도시 중 하나로 꼽히기도 했다. 그러나 16세기 무렵 해안선이 변하고 항구 기능이 약화되면서, 이 도시는 서서히 쇠퇴의 길로 접어든다.

흥미로운 점은, 이 쇠퇴가 오히려 브뤼주에 시간을 남겼다는 사실이다. 산업화의 급류에서 비켜선 도시의 구조와 정서는 크게 훼손되지 않았고, 그 덕분에 오늘날까지도 중세의 리듬과 고요한 미감이 고스란히 살아 있다. 도시 전체가 마치 속삭이듯 존재하고, 사람은 그 안에서 감각의 속도를 낮추게 된다.

이런 공간에서 마시는 맥주는 일상을 멈추고 풍경을 깊이 들여다보게 하는 장치이며, 도시와 나 사이를 부드럽게 이어주는 매개다.

브뤼주 중심가에는 오랜 전통을 지닌 브루어리 하나가 있다. 이름은 De Halve Maan(드 할브 만). 1856년부터 지금까지 가족이 운영해 온 이곳은, 도시 구시가지 한가운데에서 여전히 맥주를 양조하고 있는 거의 유일한 장소다.

　이곳의 대표 맥주는 Brugse Zot(브뤼주의 광대)다. 단순히 재미있는 이름 이상의 의미가 있다. 중세시대 광대는 진실을 웃음으로 말하던 존재였고, 권력을 향한 풍자의 목소리였다. 이 맥주는 그런 브뤼주 시민정신의 상징이자, 유쾌하면서도 본질을 꿰뚫는 도시 기질을 담고 있다. 풍부한 맥아 향과 은은한 단맛, 그리고 부드러운 뒷맛이 오래 남는다.

　드 할브 만 양조장은 또 하나의 시도로도 유명해졌다. 도심 속 교통량을 줄이고 환경적 부담을 줄이기 위해, 양조장에서 병입 공장까지 약 3.2km에 걸친 지하 맥주 파이프라인을 설치한 것이다.

전통을 지키되 미래를 고려한 이 실험은 도시와 맥주가 어떻게 공존할 수 있는지를 보여주는 멋진 사례이기도 하다.

이 도시에선 맥주를 마시는 행위조차 조용하고 단정하다. 운하 옆 테라스에 앉아 천천히 한 모금씩 마시는 사람들, 골목 안 펍에 모여 서로를 방해하지 않으며 자연스럽게 잔을 부딪히는 사람들의 모습은 이곳만의 풍경이다.

혼자 마셔도 좋고, 둘이 나눠도 조용하다. 말보다 공간이 먼저 말을 건다. 이곳에서는 맥주가 대화의 중심이 되기보다는, 풍경과 시간을 정리해주는 배경음 같은 존재로 작동한다.

Straffe Hendrik처럼 묵직한 맥주들도 많다. 벨기에식 Dubbel, Tripel, 그리고 Quadrupel 같은 스타일은 대화를 이끌기보다는 생각을 조용히 꺼내주고, 감정을 천천히 정리하게 만드는 여유의 맥주다.

브뤼주의 맥주는 단지 기술적으로 완성된 에일이 아니다. 그것은 이 도시가 축적해온 시간, 침묵, 공동체 감각을 병 안에 담아낸 결과다. 특히 병 속에서 이루어지는 2차 발효는, 도시의 깊은 내면과도 닮아 있다. 겉으로는 조용하지만, 그 안에선 천천히 무언가가 자라고 있는 느낌이다.

사람들은 종종 도시를 걸으며 풍경을 기억한다고 말하지만, 이 도시에서는 맥주가 그 기억을 감각적으로 봉인하는 장치가 되어준다. 골목 안의 작은 펍, 창가 너머의 종탑, 나무 테이블 위에 놓인 Brugse Zot 한 잔. 그 모든 것들이 어우러져 브뤼주를 '느끼는 방식'으로 만드는 순간이 있다.

맥주를 마시다 말고 문득 창밖을 바라보게 되는 그 순간, 도시와 내가 서로를 천천히 감싸안고 있다는 기분이 든다. 이 도시에서는 말보다 침묵과 풍경, 그리고 한 잔의 맥주가 더 깊은 이야기를 건넨다.

27.
리버풀
맥주와 거리, 축구와 음악 그리고 사람들

리버풀(Liverpool)은 영국 북서부 머지사이드 강가에 자리한 도시다. 한때 대영제국의 무역과 해양 산업을 상징하던 곳이었고, 지금은 비틀즈와 축구, 그리고 다문화 감각이 녹아든 도시로 기억된다.

이 도시의 매력은 겉으로 보이는 산업적 유산이나 음악 유산에만 있는 것이 아니다. 리버풀은 언제나 사람과 사람 사이의 온기, 노동의 기억, 그리고 일상 속 저항과 자존감이 함께 엉켜 있는 도시였다. 그리고 이 모든 것들이 가장 진하게 스며든 공간이 있다면, 바로 펍(pub)이다. 리버풀에서 맥주는 단순한 음료가 아니라, 이 도시를 마시는 방식이자 감각의 언어다.

리버풀은 18세기부터 대서양 무역의 핵심 항구로 성장해왔다. 아일랜드와 아프리카, 아메리카를 잇는 바다 위 네트워크 속에서 도시는 번영했고, 동시에 노예무역과 식민 제국의 어두운 그림자도 함께 품게 되었다. 산업화가 빠르게 진행되던 19세기에는 석탄, 철강, 면직물의 물류 허브로 기능하며 유럽 북서부의 중요한 산업 도시로 자리잡았다.

이처럼 외부와의 끊임없는 연결 속에서 성장한 리버풀은 자연스럽게 다문화적이고 개방적인 기질을 형성했다. 항만 노동자와 음악가, 이주민과 청년 세대가 섞인 이 도시는 언제나 혼합된 리듬과 정서를 품고 있었다. 그리고 그 리듬이 쉬어가던 곳, 사람들이 어깨를 맞대고 하루를 마무리하던 곳이 바로 동네 펍이었다.

전통적으로 이곳에서는 낮은 도수의 비터(Bitter)나 마일드 에일(Mild Ale) 같은 맥주를 천천히 마시며 시간을 보냈다. 그것은 목마름을 채우는 음료라기보다, 노동 이후의 숨 고르기이자, 공동체를 이어주는 느린 의식이었다.

21세기의 리버풀은 과거의 산업 도시라는 이미지를 조금씩 벗고 있다. 도시 곳곳에는 새로운 미술관과 공연장이 들어섰고, 거리에서는 다양한 언어와 음악이 공존한다.

그 한가운데에서 다시 주목받고 있는 것이 바로 맥주다. 영국 전역에서 불고 있는 크래프트 맥주 열풍은 리버풀에도 스며들었고, 이는 도시의 감각을 새롭게 재구성하는 하나의 문화적 흐름이 되었다. 특히 리버풀의 브루어리들은 단순한 유행을 따르지 않는다. 그들은 이 도시만의 기억, 말투, 유머를 맥주에 담아내고 있다.

도심 한복판에 자리한 Love Lane Brewery는 지역 원료와 현대적인 해석을 바탕으로 IPA, 페일에일, 라거를 만들며, 브루펍을 중심으로 전시, 음악, 푸드 이벤트를 열고 있다. 한편, Black Lodge Brewing은 실험적인 감각과 지역 커뮤니티와의 협업을 강조하며, Liverpool Brewing Company는 전통 영국 에일을 현대적으로 재해석하는 데 집중하고 있다.

이들 브루어리는 도시의 맥락을 담아내는 실험실이며, 리버풀의 감수성과 에너지가 가장 잘 발산되는 열린 무대이기도 하다.

리버풀의 펍은 하나의 장르다. 축구 경기가 있는 날이면 앤필드(Anfield) 경기장 근처의 펍은 마치 공연장처럼 살아난다. 리버풀 FC의 붉은 셔츠를 입은 팬들이 경기 전후로 잔을 부딪치고, 때로는 낙담하며, 때로는 노래하며 도시와 함께 호흡한다.

도시 중심부의 매튜 스트리트(Mathew Street)에서는 비틀즈의 노래가 여전히 울려 퍼지고, 맥주를 든 사람들이 그 리듬을 따라 춤을 추거나 조용히 흔들린다. 맥주는 그 속에서 말 없는 공감의 도구가 된다. 대화 없이도 서로의 눈빛과 잔의 높낮이만으로 감정을 주고받을 수 있는, 그런 리버풀만의 소통 방식이 있다.

여기서의 맥주는 개인의 취향이 아니라, 도시의 기억을 나누는 방식이며, 함께 살아 있다는 감각을 다시 확인하는 행위다. 그것은 아주 오래전부터 이 도시가 그래왔던 것처럼, 공감과 저항, 그리고 공동체를 향한 조용한 외침이기도 하다.

맥주를 통해 그 도시를 읽는 것, 리버풀만큼 잘 어울리는 사례가 드물다. 항구의 바람, 음악의 잔향, 축구장의 함성, 벽화 속 노동자의 표정 그리고 오래된 펍의 낮은 천장 그 모든 것이 한 잔의 맥주에 스며 있다.

축구, 맥주의 도시 리버풀에서 즐기는 맥주는 이 도시를 잠시 내 안에 머물게 하는 일이다. 그리고 그 한 잔이 끝나는 순간, 우리는 알게 된다. 도시는 늘 사람을 품었고, 사람은 늘 맥주와 함께 도시를 기억해 왔다는 것을.

28.
멕시코시티
문명 위에 쌓인 도시, 그 시간의 결

 멕시코시티(Mexico City)는 고대 아스테카 제국의 수도 위에 세워진 현대 도시다. 고대와 식민, 혼종성과 혁신이 한데 얽힌 이 도시는 중남미에서 가장 복잡하면서도 가장 감각적인 공간이라 할 수 있다. 거리는 늘 살아 있고, 건물 벽에는 여전히 누군가의 목소리가 벽화로 남아 있다.

이 도시를 걷다 보면, 과거와 현재가 충돌하고, 고유성과 외래성이 겹쳐진 장면을 수도 없이 마주하게 된다. 그리고 그런 장면들 속에서, 맥주는 단지 음료 이상의 무언가가 된다. 도시의 속도와 정체성, 저항의 기질과 문화적 실험을 담아내는 감각의 언어가 되어 도시의 결을 따라 흐른다.

멕시코시티는 아스테카의 수도였던 테노치티틀란(Tenochtitlán)의 위에 세워졌다. 그 도시엔 호수와 물길, 신화에 따라 배치된 신전과 시장이 있었고, 자연과 인간이 긴밀하게 얽혀 살아가는 질서가 존재했다. 그러나 스페인의 정복 이후, 유럽식 도로와 성당, 궁정이 그 위에 덧씌워졌고, 언어와 종교, 정치와 일상 모두가 바뀌었다.

이후 멕시코시티는 식민과 저항, 제국과 공동체, 속도와 정체성이 충돌하는 도시로 자라났다. 도시는 오래전부터 늘 양가적인 표정을 가지고 있었고, 지금도 그렇다. 하루에도 몇 번씩 혼잡과 질서, 축제와 시위가 교차하며 이 도시만의 리듬을 만들어낸다.

그 리듬 위에서 맥주는 기능한다. 시원하고 가볍게 넘기는 음료이기도 하지만, 동시에 도시적 감각을 나누는 매개체, 혹은 계급적 정체성과 소비 감수성을 드러내는 기호로 작동하기도 한다.

멕시코는 세계적인 맥주 생산국이다. '코로나(Corona)'와 '모델로(Modelo)'는 전 세계 슈퍼마켓 어디에서나 볼 수 있는 이름이다. 하지만, 이 라거 중심의 맥주 스타일은 19세기 유럽 이민자들, 특히 독일과 오스트리아의 양조 기술을 바탕으로 만들어진 것이다.

　식민 이후 도입된 라거 스타일은 효율적이고 대중적이었지만, 그 안에는 이국의 질서와 서구적 기호가 들어 있었다. 그래서 오늘날 멕시코시티의 크래프트 맥주 운동은 단순히 맛의 다양화가 아니다. 그것은 전통의 재해석이자, 정체성을 다시 말하려는 문화적 실험이다.

　많은 브루어리들이 멕시코 고유의 재료, 예를 들면 마이스(옥수수), 초콜릿, 칠리, 아가베를 활용하며 새로운 스타일을 만들어내고 있다. 라거의 균일함이 아닌, 다양성과 이야기를 담으려는 움직임이다.

　멕시코시티의 크래프트 브루어리들은 도시 감각의 실험실이고, 사회적 메시지를 가진 문화 공간이다.

Cervecería Reforma는 유럽식 전통을 기반으로 하되, 멕시코적 풍미와 독립적 감각을 녹여내고 있다. La Chingonería는 이름부터가 반항적이다. 매운맛이 도는 맥주, 테킬라 배럴 숙성 라거 등, 도전적인 스타일을 선보인다. Monstruo de Agua는 지속가능성과 공동체 중심 철학을 전면에 내세우며, 지역 농부와 협업해 재료를 조달한다. Falling Piano Brewing은 예술과 음악, 젊은 도시 감수성이 한데 어우러지는 복합문화공간으로서 기능한다.

　이러한 공간들은 마시는 장소이기 이전에, 함께 사유하고 감각을 나누는 플랫폼이다. 그리고 그곳에서 맥주는 말보다 먼저 풍경과 사람을 엮는다.

　멕시코시티 뜨거운 태양아래 한 잔의 맥주는 삶의 리듬을 조율하고, 도시를 내 안에 받아들이는 방식이다.

　맥주 한 캔을 들고 낮 시장을 걷는 일도, 브루펍에서 칠리 IPA를 천천히 마시는 일도, 모두가 도시를 읽는 방식이 된다.

　이곳에서 맥주는 늘 계급과 문화, 장소성과 취향을 드러낸다. 동시에 서로 다른 사람들을 하나의 테이블에 앉게 만드는 힘이기도 하다. 테노치티틀란과 멕시코시티가 겹쳐 있는 이 공간 위에서, 맥주는 지금도 여전히 도시의 얼굴을 다시 그려내고 있다.

29.
아바나
혁명과 열대, 느림의 미학

 아바나(La Habana)는 역사와 이상, 시간과 감각이 한데 뒤엉켜 고정되지 않은 도시 정체성을 품고 있는 쿠바의 수도다. 벽에는 혁명가의 얼굴이 남아 있고, 광장에는 오래된 자동차가 지나며, 골목에서는 바람에 실려 온 소리가 음악이 되어 흐른다.

이곳에서 맥주를 마신다는 것은 '기다림의 도시'에서 천천히 마셔야 하는 인내, 혹은 제한된 선택지 속에서도 사람들끼리 나눌 수 있는 작고 따뜻한 위로를 의미한다.

　아바나는 카리브해 연안에 자리한 항구 도시다. 16세기부터 스페인의 식민지로 기능했고, 이후 20세기 중반에는 미국과의 관계 속에서 번영과 불균형을 동시에 경험했다. 1959년 쿠바 혁명 이후, 도시의 성격은 급격히 전환된다. 사회주의 이상 아래 속도를 늦춘 도시, 혹은 정지된 것처럼 보이지만 내면에 고요한 에너지를 간직한 도시로 재탄생했다.

　오늘날의 아바나는 흔히 '멈춘 시간'으로 묘사되지만, 실제로는 매우 역동적인 공간이다. 느린 템포, 제약된 선택지, 의도된 단순함은 오히려 사람과 사람 사이의 온기를 더 진하게 만든다. 그런 도시에서 맥주는 부족한 물자 속의 기쁨이자, 작지만 분명한 감각의 회복이다.

쿠바의 맥주 시장은 수입에 제한이 많고, 공산주의 계획경제 체제에 따라 생산과 유통이 이루어진다. 그 결과, 아바나에서의 맥주 선택지는 한정적이다. 오랫동안 가장 흔하게 볼 수 있는 브랜드는 국영 양조장이 만드는 Cristal(크리스탈)과 Bucanero(부카네로)다.

Cristal은 비교적 가볍고 부드러운 라거로, 무더운 낮 시간에 즐기기 좋은 스타일이다. Bucanero는 도수가 조금 더 높고 홉의 쌉싸름함이 강하게 남는다. '해적'이라는 이름처럼 약간 거친 매력을 지녔다.

두 맥주 모두 쿠바의 전형적인 이미지처럼 단순하고 직선적이지만, 그것이 오히려 사람들에게 맥주 자체보다도 '함께 마시는 상황'의 감각을 더 잘 각인시킨다.

최근 몇 년 사이에는 아바나 안팎에서 작은 규모의 수제 맥주 바나 양조장이 등장하고 있다. 대표적인 예로는 아바나 비에하(Habana Vieja)에 있는 Cervecería Antiguo Almacén de la Madera y el Tabaco 같은 장소가 있다. 이곳은 오래된 목재창고를 개조한 공간으로, 맥주와 음악, 예술이 함께 흐르는 복합문화공간으로 자리잡았다.

아바나에서 맥주는 대량소비를 위한 산업 상품이 아니다. 그것은 여전히 기다려야 얻을 수 있는 것, 혹은 우연히 손에 넣은 기쁨이다. 마트에 맥주가 없을 수도 있고, 한참 줄을 서야 한 병을 얻을 수 있는 날도 있다. 하지만 그렇기 때문에 더 소중하다.

이 도시의 사람들은 맥주를 마시며 크게 떠들지 않는다. 하지만 잔이 비워질수록 음악은 커지고, 말보다는 리듬이 먼저 공간을 채

운다. 그 안에서 맥주는 기억과 농담, 열기와 침묵을 엮는 매개체가 된다.

  수입 맥주가 귀하다는 사실, 외국 관광객과 현지인의 가격이 다를 수도 있다는 제도적 모순까지도 모두 이 도시의 리얼리티 안에 포함된다. 그리고 그 안에서 사람들은 여전히 자기 나름의 방법으로 도시를 사랑하고, 맥주를 기다리고, 삶을 즐긴다.

30. 부에노스아이레스
이민자의 유산과 도시적 실험

 부에노스아이레스(Buenos Aires)는 남미에서 가장 '유럽적인 도시'라는 별명으로 불린다. 그러나 이 도시의 본질은 단지 유럽을 닮았다는 데 있지 않다. 부에노스아이레스는 이민자의 기억과 저항의 정신, 탱고의 몸짓과 거리의 대화가 얽혀 있는, 복잡하고도 매혹적인 공간이다. 그리고 그 도시의 리듬 속에서 맥주는, 단순한 음료라기보다 공공의 감각을 나누는 일상의 미학으로 작동한다.

부에노스아이레스는 19세기 후반부터 20세기 초반까지 엄청난 유럽 이민을 받아들이며 성장했다. 스페인과 이탈리아, 독일, 동유럽에서 건너온 이민자들은 항구도시의 골목을 채웠고, 도시의 건축, 언어, 음식, 감정 표현 방식에 지대한 영향을 미쳤다.

도시는 겉으로 보기엔 파리나 마드리드처럼 보이기도 한다. 하지만 그 거리의 리듬은 분명히 라틴아메리카적 속도와 정서를 품고 있다. 이 도시에서는 느림과 열정, 모순과 여유가 함께 공존한다. 거리에선 누군가 시위를 하고 있고, 공원에서는 누군가 맥주 한 캔을 들고 책을 읽고 있으며, 골목에선 탱고의 선율이 흘러나온다.

아르헨티나의 맥주문화는 유럽 이민자들과 함께 들어온 유산이다. 독일과 체코 이민자들은 라거 양조 전통을

가져왔고, 오늘날까지도 그 영향은 명확히 남아 있다. Quilmes(킬메스)는 가장 대표적인 상업 브랜드로, 아르헨티나 국민맥주라 불릴 만큼 광범위하게 소비된다. 그 맥주는 축구장, 공원, 거리, 식당 어디에서나 마주칠 수 있다.

그러나 21세기에 들어 도시의 흐름은 조금씩 바뀌었다. 부에노스아이레스 곳곳에는 마이크로 브루어리와 크래프트 맥주펍들이 등장하며 도시적 실험과 감각적 자기표현의 장이 되기 시작했다.

Antares는 마르델플라타에서 시작해 부에노스아이레스에 진출한 대표적인 크래프트 체인으로, IPA부터 허브 맥주까지 폭넓은 스타일을 시도한다.

Buller Brewing Company는 레꼴레타(Recoleta) 지역에서 직접 양조한 수제맥주를 판매하는 브루펍. 지역성과 품질 중심의 소비를 이끈다.

BierLife는 독일계 양조 전통을 현대적으로 해석하며, 감각적인 레이블 디자인과 라틴적 재료 조합이 인상적이다.

이러한 맥주들은 도시의 젊은 세대가 자신의 방식으로 도시를 다시 정의하고 표현하는 수단이다.

부에노스아이레스는 정치적 도시다. 광장과 거리에는 늘 이야기가 있고, 목소리가 있으며, 공동의 정서가 흐른다. 시위와 음악회, 책시장과 거리 예술이 만나는 공간에서 맥주는 소통과 연대의 음료가 된다.

특히 여름 저녁, 팔레르모(Palermo)와 산 텔모(San Telmo)의 바와 광장 주변은 맥주와 대화, 음악과 웃음으로 가득 찬다. 여기서 맥주는 취하려고 마시는 것이 아니라, 머무르고 나누기 위한 장치가 된다. 함께 있는 이 시간을 가볍게 봉합해주는 부드러운 매개체가 된다.

이 도시에서는 맥주 한 잔이 곧 공간의 감각을 구성하는 장면이 된다. 누구와, 어디서, 어떤 맥주를 마시느냐가 그날의 기억을 결정짓는다. 탱고는 귀로 듣는 음악이 아니라 몸으로 추는 리듬이듯, 맥주도 이 도시에서는 미각이 아니라 풍경을 매개로 마시는 감각이다.

부에노스아이레스에서 맥주를 즐기는 것은 이민자의 흔적과 혁명가의 기질, 책과 음악, 낮과 밤 사이를 가로지르는 도시의 리듬을 함께 들이키는 일이다. 그리고 그 잔이 비워질 때쯤, 도시는 조용히, 그러나 분명하게 말을 건다. "우리는 여전히 살고 있고, 서로를 느끼고 있다"고.

31.
삿포로
개척과 근대화, 정직한 맛의 인문학

 삿포로(Sapporo)는 일본에서 맥주를 가장 먼저 생산한 도시다. 하지만 삿포로의 맥주는 단순한 산업의 시작이 아니라, 일본 근대화의 문화적 상징이자 서양 감각의 수용과 재해석의 산물이었다. 그 안에는 홋카이도의 청정한 물과 공기, 개척의 역사, 도시적 여유와 계절감이 고스란히 녹아 있다.

이 도시를 걷는다는 것은 근대의 기억과 자연의 감각이 조용히 교차하는 풍경을 마주하는 일이며, 맥주는 그 풍경 속에 스며든 가장 일상적이고도 철학적인 음료다.

삿포로는 일본 본토와는 또 다른 시간대를 걷는 도시다. 메이지 시대, 정부는 홋카이도 개척을 위해 도쿄에서 젊은 관료와 기술자를 파견했고, 이 지역을 '신 일본'의 실험장처럼 만들었다. 그들은 이곳에 도시계획을 입히고, 농업과 산업을 발전시키며 서구적 삶의 방식과 기술을 수용했다.

그 과정에서 등장한 것이 바로 삿포로 맥주(Sapporo Beer)였다. 1876년, 독일에서 맥주 양조를 배운 남자, 세이베이 나카가와(中川清兵衛)가 삿포로맥주양조소를 설립하면서 일본 맥주의 역사가 시작된다.

이 맥주는 일본이 서구 문명을 어떻게 해석하고 흡수했는지를 보여주는 하나의 모델이었다. 홋카이도의

깨끗한 물, 차가운 기후, 그리고 독일식 라거 양조 기술이 결합되며 삿포로는 일본 내 맥주 양조의 대표 도시가 되었다.

오늘날 삿포로 맥주는 일본을 대표하는 브랜드이자, 세계적으로도 널리 알려진 프리미엄 라거다. 그 맛은 깔끔하고 드라이하며, 홋카이도산 보리와 홉을 중심으로 한 '정직한 라거'의 미학을 유지하고 있다.

삿포로 시내에 있는 삿포로 맥주 박물관은 단순한 관광지가 아니다. 그것은 일본의 산업화와 도시화, 소비문화의 궤적을 따라 걸어볼 수 있는 근대문화유산이자, 지역 시민의 자부심이 담긴 공간이다. 박물관 옆에 자리한 삿포로 비어가든(Sapporo Beer Garden)에서는 진한 징기스칸 요리와 함께 생맥주를 곁들이며, 홋카이도의 계절을 오감으로 마주하게 된다.

그 외에도 최근에는 홋카이도 내 소규모 브루어리들이 등장하며, 맥주의 세계가 보다 다채로워지고 있다. 삿포로의 청정한 자연환경을 반영한 지방색 강한 에일과 라거, 계절 한정 맥주들이 시민과 여행자의 일상 속으로 스며들고 있다.

삿포로의 맥주문화는 도시의 리듬과 기후, 사람들의 관계 맺음 방식을 함께 이야기한다. 겨울에는 눈 쌓인 길 위에서 따뜻한 공간에 들어가 한 잔을 나누고, 여름에는 오도리 공원의 야외 비어가든에서 활짝 열린 하늘 아래 함께 웃는다.

이 도시에선 맥주가 늘 '함께 있는 감각'을 강화하는 도구로 기능한다. 그것은 '많이 마시는' 것이 아니라, '함께 마시는' 방식이다. 그 속에는 삿포로 특유의 조용하고 절제된 시민 감성과, 계절을 존중하는 일본적 리듬이 자연스럽게 녹아 있다.

삿포로에서 즐기는 생맥주 한 잔, 이 도시가 걸어온 시간과 계절을 맛보는 일이다. 근대와 자연, 기술과 감정이 공존하는 이 공간에서, 맥주는 '정답'이 아니라 '느낌'으로 기억된다.

한 모금 속에서 독일의 기술이 지나가고, 홋카이도의 물맛이 남고, 함께한 사람의 웃음이 오래 여운으로 남는다. 그 모든 것들이 하나의 잔 속에 담길 때, 우리는 삿포로를 비로소 맛으로 이해하게 된다.

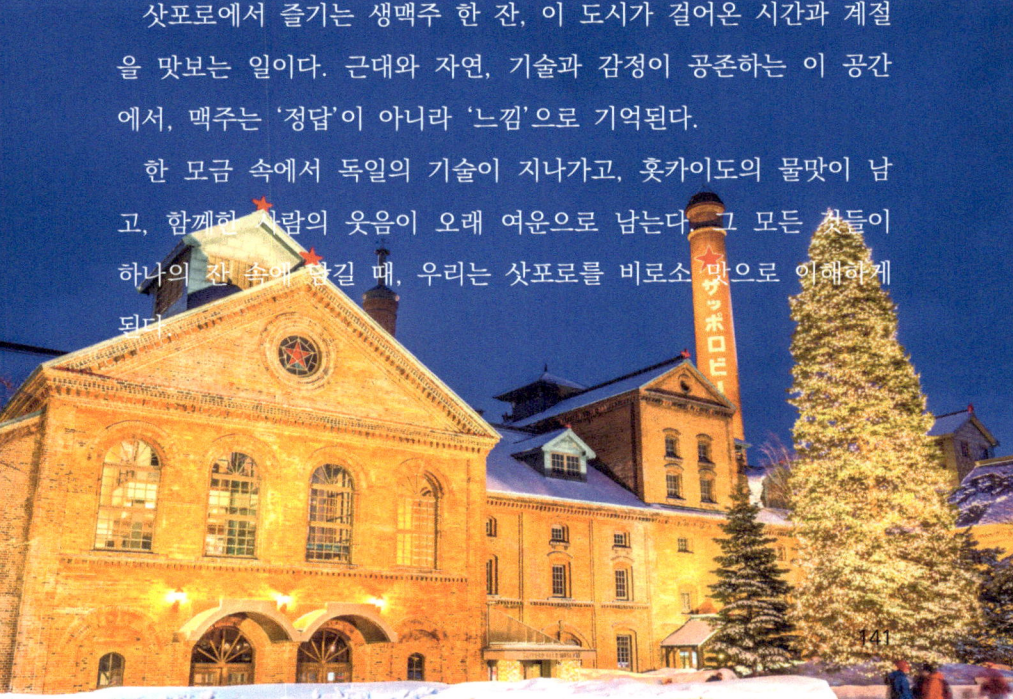

32. 칭다오
독일의 흔적, 제국의 유산에서 대중의 일상으로

 칭다오(Qingdao)는 한 잔의 맥주를 통해 식민의 기억과 도시의 자존, 그리고 아시아 소비문화의 전환을 읽어낼 수 있는 상징적 도시다. 20세기 초 독일 조계지로 출발한 이곳은 맥주로 대표되는 제국의 유산 위에 중국식 소비문화와 대중정체성을 덧입히며 성장해 온 도시다. 바다 냄새와 공장의 증기, 야시장과 함께 흐르는 맥주의 거품 속에는 복잡한 도시의 시간이 가라앉아 있다.

칭다오가 맥주 도시로 불리는 데에는 분명한 역사적 이유가 있다. 1898년, 독일 제국은 청나라로부터 이곳을 99년간 임차했고, 이후 1903년 칭다오 맥주(青岛啤酒, Tsingtao Beer) 공장을 설립했다. 독일의 라거 제조 기술과 산둥반도의 청정한 물, 그리고 해안 도시의 입지가 결합되면서 '아시아 속 독일'의 상징적 공간이 탄생한 것이다.

제국은 떠났지만, 그들이 남긴 맥주는 남았다. 20세기 중반까지 칭다오 맥주는 고급술로 여겨졌고, 이후 중국 정부에 의해 국유화되면서 점차 국민 브랜드의 정체성을 가지게 된다. 그리고 오늘날, 칭다오 맥주는 세계 100여 개국에 수출되는 글로벌 브랜드이자, 중국 도시 아이덴티티의 일부가 되었다.

칭다오 시내를 걷다 보면, 맥주가 단지 '음료'가 아니라 도시 인프라의 일부라는 걸 느끼게 된다. 맥주 박물관, 맥주 거리, 맥주 축제, 모든 것이 이 도시의 정체성을 맥주를 중심으로 구성하고 있다. 매년 8월 열리는 칭다오 국제맥주축제는 1991년부터 시작되어 지금은 중국 최대의 맥주 축제로 자리 잡았고, 수백만 명이 찾는 글로벌 관광 콘텐츠로 성장했다.

여기서의 맥주는 전통적인 유럽식 라거 스타일에 중국식 식문화가 결합된 형태다. 대부분 가볍고 청량하며, 음식과 곁들이기 좋다. 특히 산둥식 해산물 요리, 매운 볶음류와의 궁합이 잘 맞는다. 거리 노점에서는 비닐봉지에 생맥주를 담아 팔기도 하고, 야외 좌판에서는 '시원한 칭다오 한 잔'이 식전의 기본이 되기도 한다.

칭다오 맥주는 단지 상품이 아니라, '마시는 문화'의 기호로 기능한다. 중국 영화나 드라마 속에서 칭다오 맥주가 놓인 테이블은 언제나 서민적이고 일상적인 장면과 함께 등장한다. 회식, 실연, 우정, 갈등, 맥주는 이 모든 감정의 경계에 놓이며, 도시인의 감각을 자연스럽게 이완시키는 도구로 작동한다.

최근에는 크래프트 맥주 열풍과 함께, 칭다오 내에도 소규모 양조장이 생겨나고 있다. 특히 'The BREW' 같은 국제 감각의 브루펍이나, 지역 젊은 층이 운영하는 창의적 맥주 바들이 칭다오 전통 라거와는 다른 개성 있는 맥주 스타일을 선보이고 있다.

그러나 여전히, '시원한 칭다오 라거'는 도시의 집단 감각을 대표하는 일상적 풍경으로 남아 있다. 쉽게 마실 수 있고, 누구와도 나눌 수 있으며, 잠시 숨을 돌리게 해주는 감각의 언어다.

도시의 시간, 제국의 기억, 일상의 감정, 사회적 연대를 함께 들이키는 칭다오에서 맥주 한 잔의 여유…. 골목에서, 해변에서, 야시장 테이블 위에서, 칭다오의 맥주는 항상 사람들 사이에 놓여 있다.
　그리고 그 잔이 비워질 즈음, 도시는 다시 조용히 숨을 고른다. 우리는 또다시 현실로 돌아가지만, 그 짧은 여운은 우리로 하여금 칭다오를 기억하게 만들고, 또다시 돌아오게 만든다.

33.
마닐라
제국의 유산, 대중의 맥주

마닐라(Manila)는 수백 년의 식민 역사를 품고 있으면서도, 그 안에서 자신만의 언어와 감각을 만들어낸 필리핀의 수도다. 바다와 강, 교회와 거리, 거리 음식과 대화가 끊임없이 얽히는 이 도시에서 맥주는 기억과 정체성, 계급과 감각을 엮는 도구로 작동해왔다.

마닐라의 역사에서 '맥주'는 스페인도, 미국도 아닌 자국의 독립성과 현대성을 동시에 말할 수 있는 드문 상징이다.

1890년, 마닐라에 설립된 산 미겔 양조장(San Miguel Brewery)은 아시아에서 가장 오래된 맥주 회사로, 지금도 필리핀 맥주문화의 중심에 있다. 원래는 스페인 상인이 설립했지만, 이후 필리핀 자본과 기술로 독립하면서 필리핀 민족 자본주의의 상징이자 자긍심이 되었다.

산 미겔 맥주는 식민의 유산에서 출발했지만, 오히려 필리핀 도시 대중이 가장 자연스럽게 받아들인 술로 자리잡았다. 식민과 저항, 계급과 평등, 외래성과 로컬리티가 한 병 안에서 공존하게 된 것이다.

마닐라의 맥주는 주로 거리에서 마신다. 편의점 앞 플라스틱 의자에 앉아, 혹은 밤거리 노점에서 바비큐와 함께, 땀을 식히는 '산 미겔 필젠(San Miguel Pale Pilsen)' 한 병은 일상의 숨구멍 같은 존재다. 도수는 높지 않지만, 깊고 진한 몰트의 풍미가 있고, 무엇보다 함께 마시기에 적당한 맥주다.

마닐라의 노동자, 예술가, 학생, 택시 기사까지 누구나 이 맥주를 안다. 그리고 누구나 같은 맛을 공유하며, 다른 이야기를 품는다. 맥주병을 중심에 두고 이야기가 돌고, 음악이 섞이며, 도시의 감각은 그렇게 연결된다.

20세기 초 미국 식민 통치를 경험한 필리핀은 아시아에서 가장 미국적인 문화 소비 양식을 가졌지만, 동시에 이질적인 것들을 조화롭게 엮는 유연한 감각도 함께 키워왔다.

맥주도 그중 하나다. 미국식 라거의 영향은 크지만, 산 미겔은 단순한 모방이 아닌 지역 기후와 음식, 사회 감정에 맞는 방식으로 맥주의 맛과 스타일을 조정해왔다. 그래서 산 미겔 라이트는 더운 날씨에도 부담 없이 즐길 수 있고, 레드호스(Red Horse)는 젊은층 사이에서 '더 강한 감정'을 마시고 싶을 때 선택되는 브랜드가 되었다.

이처럼 마닐라의 맥주는 날씨, 계절, 사람의 상태와 기분에 따라 선택되고 해석되는 감각적 언어가 된다.

마닐라에서 한 잔의 맥주를 즐기며, 오늘 하루를 어떻게 살았는지를 정리하고, 내일을 어떻게 살아갈 것인지에 대해 누군가와 웃으며 이야기할 수 있는 기회를 가져보자.

그 자리는 허름한 골목일 수도 있고, 루프탑바일 수도 있고, 공원 한 켠일 수도 있다. 하지만 공통점은 있다. 맥주 한 병은 늘 누군가에게 말을 걸고, 연결되고, 풀리는 방식으로 기능한다.

34.
방콕
무더운 도시, 야시장 그리고 감각의 쉼표

　방콕(Bangkok)은 뜨겁고, 느리고, 화려하면서도 어딘지 초연한 도시다. 불교 사원과 대형 쇼핑몰이 한 거리 안에 공존하고, 배낭여행자와 승려, 고급 호텔과 골목 음식점이 끊임없이 스쳐간다. 그런 이질적인 조합 속에서 맥주는 열기를 식히고 감정을 가라앉히는 도시의 쉼표 같은 존재로 기능한다. 방콕이라는 도시를 감각적으로 이해하는 하나의 통로다.

방콕의 거리는 늘 덥고 복잡하다. 습도 높은 열기 속에서 사람들은 빠르게 걷지 않는다. 그 느린 속도에 몸을 맞추고 나면, 도시의 리듬이 서서히 들린다. 낮에는 커피나 물을 들고 다니지만, 해가 지고 불빛이 들어오면 맥주의 시간이 시작된다.

태국 맥주는 대체로 가볍고 청량하며, 강한 향보다는 부드럽게 넘기는 스타일이다. 대표적으로 싱하(Singha), 창(Chang) 그리고 비교적 신생 브랜드인 레오(Leo) 등이 있다.

이 맥주들은 거리 음식과 잘 어울리고, 강한 태국식 양념이나 매운맛을 씻어주는 역할을 한다. 무엇보다도 무더운 밤에 잠시 앉아 시간을 보내기 위해 필요한 감각의 장치다.

방콕의 맥주는 어디서나 볼 수 있지만, 그 자체로 주인공이 되는 법은 없다.

야시장, 골목 바, 노점, 편의점 앞의 플라스틱 의자 위 맥주는 늘 조용히 중심을 비켜선 채, 풍경의 일부로 섞여 있다. 하지만 그 덕에 맥주는 누구에게나 접근 가능하고, 거리 문화의 일부로 스며든다.

방콕의 시민들, 특히 젊은 세대는 사회적 억압이 많은 국가 환경 속에서도, 맥주를 통해 감각적 자유를 누리고자 한다. 음악, 패션, 음식과 함께 맥주는 개인과 도시가 연결되는 일상적 통로가 된다.

최근 몇 년 사이에는 방콕에도 크래프트 맥주 붐이 조심스럽게 퍼지고 있다. 다만 태국은 자가 양조와 소규모 생산에 대한 규제가 강한 나라여서, 이들은 대부분 외국에서 위탁 생산하거나 '노마드 브루어리'로 운영된다. Mikkeller Bangkok, Stone Head, Bootleg Brothers 등이 대표적이다.

방콕에서 맥주는 동시에 관광자산이자 현지인의 일상이다. 카오산로드(Khao San Road) 같은 유명 관광지에서는 외국인들이 버킷에 맥주를 담아 마시며 파티를 벌인다. 하지만 그 바로 뒤편 골목에서는 태국인들이 간단한 야식을 곁들여 조용히 창 맥주를 마시고 있다.

이 도시는 언제나 두 얼굴을 가지고 있다. 맥주 역시 그러하다. 도시의 다양한 얼굴을 모두 품어주는 방식으로, 맥주는 방콕 안에서 늘 유연하게 작동한다.

음식이 맥주를 부르고, 맥주가 대화를 부른다. 번잡함을 정리해주는 음료, 더위 속에서 가볍게 머무를 수 있게 해주는 작은 장치다. 방콕은 빠르게 바뀌고 있지만, 그 안에서 맥주는 여전히 사람과 사람 사이의 작은 온도를 유지하게 해주는 존재로 남아 있다.

35.
하노이
플라스틱 의자 위의 프랑스 유산

하노이(Hanoi)는 베트남의 수도이자, 시간이 천천히 겹겹이 쌓인 도시다. 오래된 사원 옆에 프랑스풍 저택이 서 있고, 낡은 골목 안에서는 삶의 소리와 불빛이 끊임없이 흐른다. 그런 거리 한복판에서, 맥주는 더위와 노동을 식히는 동시에, 이 도시의 리듬을 가장 잘 느끼게 해주는 감각적 기호로 작동한다.

하노이에서의 맥주문화는 19세기 말 프랑스 식민지 시기에 그 기원을 둔다. 프랑스인들은 자신들의 일상 속 음료였던 맥주를 하노이에 들여왔고, 1890년대에는 하노이 맥주공장(Habeco: Hanoi Beer Alcohol and Beverage Corporation)이 세워진다.

이 공장은 아시아 최초의 유럽식 맥주 양조장 중 하나로, 사회주의 체제하에서도 국영기업으로 운영되며 '하노이 맥주(Bia Hà Nội)'라는 이름으로 대중적인 사랑을 받게 된다. 맥주의 맛은 강하지 않고 가볍고 연하며, 더운 날씨 속에서도 부드럽게 넘어가는 것이 특징이다. 지금도 이 맥주는 베트남 북부 사람들의 자부심이자, 도시인의 일상에 자연스럽게 녹아 있는 존재다.

하노이에서 맥주는 '길 위의 문화'와 밀접하게 연결돼 있다. 노란 벽돌 담장 아래, 오래된 성당 근처, 쌀국수 한 그릇 옆에…. 작은 플라스틱 의자와 낮은 테이블 위에 놓인 Bia Hà Nội 한 병은 단순한 음료가 아니라 머무름의 기호다.

특히 타 히엔 거리(Phố Tạ Hiện)는 현지인과 여행객 모두가 '하노이에서 맥주를 마신다면 이곳'이라 말하는 공간이다. 낮에는 조용한 구시가지 거리이지만, 해가 지면 테이블과 의자가 골목을 가득 메우고, 싱싱한 생맥주(Bia hơi)가 저렴한 가격에 제공된다.

여기서의 맥주는 이야기를 시작하게 만드는 매개체다. 목소리가 섞이고, 외국인과 로컬이 어울리고, 무명의 음악이 흐른다. 이 모든 풍경에서 맥주는 조용히 사람들 사이를 이어주는 물 같은 존재로 흐른다.

하노이는 여전히 '사회주의 수도'로 불리지만, 그 안에는 자본주의적 감각과 시장 친화적 소비문화가 오묘하게 어우러져 있다. 그리고 맥주는 그 이질적인 요소들을 부드럽게 섞어주는 장치처럼 기능한다.

국영 브랜드인 하노이 맥주(Habeco) 외에도 사이공 맥주(Sabeco), 최근에는 Tiger, Heineken, 333, Larue 등 다양한 국내외 브랜드가 혼재하며, 카페와 루프탑바, 골목 포장마차에 이르기까지 맥주가 놓이는 장소의 스펙트럼도 다양하다.

더불어 2010년대 이후에는 Rooster Beers, Pasteur Street Brewing Co., East West Brewing 같은 크래프트 맥주 브랜드가 등장하며, 하노이 젊은 층의 감각과 도시 정체성을 다시 쓰고 있다.

하노이에서 맥주를 마신다는 건 오래된 것과 새로운 것, 조용한 것과 소란한 것 사이를 부드럽게 연결하는 행위다.

하노이의 맥주는 늘 조용히 배경에 머무르지만, 그 속에서 사람과 공간을 엮고, 시간을 잠시 멈추게 한다. 그리고 잔이 비워질 즈음, 우리는 깨닫게 된다. 이 도시의 맥주는 사실 하노이 그 자체를 천천히 마시는 일이라는 것을.

36.
부산
항구도시의 리듬, 골목과 루프탑 사이

부산은 바다와 함께 살아온 도시다. 바다는 이 도시에 물자를 실어 나르고, 사람을 이주시켰으며, 삶의 방향과 속도를 결정했다. 그런 부산에서 맥주는 오랫동안 노동의 끝, 하루의 전환점, 그리고 사람과 사람 사이의 짧은 연결을 의미하는 음료였다.

항구에서, 공장에서, 골목 식당에서, 그리고 지금은 루프탑바와 브루펍에서도 부산의 맥주는 도시의 역사와 감각을 품고 조용히 흐르고 있다.

부산의 맥주문화는 항구 노동과 해운, 군사 기지와 피란민 문화 속에서 자연스럽게 자라났다. 일찍이 외국 선박과 미군기지 등을 통해 맥주가 유입되었고, 그에 따라 대중적인 맥주 소비가 다른 지역보다 빠르게 자리 잡은 도시였다.

저렴한 라거 맥주는 선술집과 포장마차에서 쉽게 마주칠 수 있었고, '시원하게 한 잔'이란 표현은 부산의 날 것 그대로의 정서와 잘 맞아떨어졌다. 바닷바람과 함께 마시는 한 병의 맥주는, 피로를 씻는 동시에 일상 속 여백이 되는 감각적 장치였다.

부산의 음식은 대체로 진하고, 강하며, 따뜻하다. 돼지국밥, 밀면, 생선구이, 어묵 그리고 그 옆에는 늘 시원한 맥주 한 잔이 놓인다. 부산 맥주는 대체로 음식과 어우러지는 소비의 맥락에서 기능한다.

부산 사람들은 흔히 '소맥'을 자연스럽게 즐긴다. 이는 술의 효율만을 말하는 것이 아니라, 맥주라는 음료를 사교와 흥의 리듬 안에 자연스럽게 녹여내는 문화적 장치로 이해할 수 있다.

오늘날의 부산은 단순한 항구 도시가 아니다. 감천문화마을의 골목 예술, 센텀시티의 초고층 건물, 해운대의 고급 호텔과 광안리의 밤바다까지…. 부산은 도시의 얼굴을 다양하게 바꾸고 있고, 맥주의 풍경도 그만큼 다채로워졌다.

최근 몇 년 사이, 부산에도 크래프트 맥주 열풍이 빠르게 번졌다. 갈매기 브루잉은 부산 최초의 크래프트 브루어리. 해운대 본점을 중심으로 IPA, 페일에일 등 다양한 스타일을 선보이며 도시 맥주문화의 중심으로 자리잡았다.

와일드 웨이브 브루잉은 기장에 위치한 브루어리로, 사워 에일과 과일 베이스 맥주 등 실험적인 시도를 꾸준히 이어간다.

부산 크래프트 브루어리, 갈매기 탭룸, 프라하 993 등도 해운대와 광안리 일대를 중심으로 맥주를 매개로 한 도시적 감각을 확산하고 있다.

이 브루어리들은 사람들이 머무르고, 이야기를 나누고, 도시와 자신의 취향을 연결하는 감각의 실험실이다.

저녁 바닷바람과 함께 마시는 한 잔의 IPA, 낡은 골목에서 먹는 생선구이와 소맥 한잔, 루프탑에서 야경을 보며 천천히 마시는 수제 맥주 한 병, 이 모든 장면이 부산이라는 도시를 더 입체적으로 느끼게 한다.

그리고 그 잔이 비워질 때쯤, 우리는 어쩌면 이렇게 말하게 될지도 모른다. "부산, 참 잘 마시는 도시야."

37.
킹스턴
식민과 자주, 레게로 흐르는 도시

 킹스턴(Kingston)은 레게 음악의 심장이고, 카리브해의 불협화 속 조화이며, 식민과 저항, 흥과 생존이 동시에 살아 있는 문화적 텍스트다. 자메이카의 수도인 킹스턴에서 맥주는 일상을 구성하는 리듬의 일부로 자리하고 있다.

킹스턴은 17세기 후반 영국 식민지 시절 형성되었으며, 20세기 중반 이후에는 자메이카의 독립과 도시 성장의 중심축이 되었다.
　이 도시는 늘 이중적 얼굴을 가지고 있다. 휴양지의 풍경 너머엔 불평등과 분노가 흐르고, 거리에서는 밥 말리(Bob Marley)의 레게가 울리며 정치적 메시지가 전파된다.
　그런 킹스턴의 일상 속에서 맥주는 늘 무겁지 않게, 그러나 확실하게 존재감 있는 방식으로 삶을 관통한다.
　자메이카를 대표하는 맥주는 단연 레드 스트라이프(Red Stripe)다. 1928년부터 생산된 이 라거 맥주는 킹스턴에서 시작되어 전 세계로 뻗어 나갔다. 도수는 4.7도, 맛은 부드럽고 약간의 단맛이 돌며, 더운 날씨에 마시기 좋은 밸런스를 갖췄다.
　이 맥주는 단지 브랜드가 아니라 자메이카의 자부심이자, 대중문화의 상징이다. 수많은 레게 앨범 자켓과 뮤직비디오 속에 늘 함께 등장하며, 거리의 사운드시스템과 춤의 리듬에 곁들여지는 감각적 요소로 기능한다.

킹스턴의 밤은 늘 음악과 함께 열린다. 거리의 파티, 뒷골목의 사운드시스템, 야외 콘서트…. 어디서나 맥주는 사람 사이의 간극을 메우는 장치다. 특히 레드 스트라이프의 짧고 넓은 병은 춤추기 좋은 크기이자, 휴대하기도 좋은 도시적 형식이다.

맥주는 이 도시에서 단순한 취기를 넘어서, 정체성과 흥, 그리고 연대의 맛을 품은 음료다. 노동 후의 맥주, 댄스홀의 맥주, 정치 시위 이후의 맥주…. 각기 다른 의미지만, 모두가 킹스턴이라는 도시의 결을 구성한다.

최근에는 자메이카에도 크래프트 맥주 바람이 불기 시작했다. 킹스턴에서는 몇몇 로컬 양조장이 다양한 스타일의 에일과 라거를 선보이고 있으며, 예를 들어 Kingston 62, Trouble's Brewing, Big City Brewing Co. 등이 점차 존재감을 키우고 있다.

이 맥주들은 레드 스트라이프의 강력한 대중성과 공존하면서, 자메이카적 풍미를 담은 새로운 감각의 실험을 시도한다. 망고, 생강, 스카치 보넷 페퍼 같은 지역 재료가 맥주 속으로 들어오며, 이 도시의 미각은 점점 더 다채로워지고 있다.

킹스턴에서 태양의 열기와 사람의 목소리 그리고 거리의 리듬을 천천히 들이키며 맥주를 즐겨보자.

혼자서도 좋고, 여럿이어도 좋다. 음악이 흐르고, 손에 병이 하나 들려 있다면 그곳이 바로 킹스턴이다.

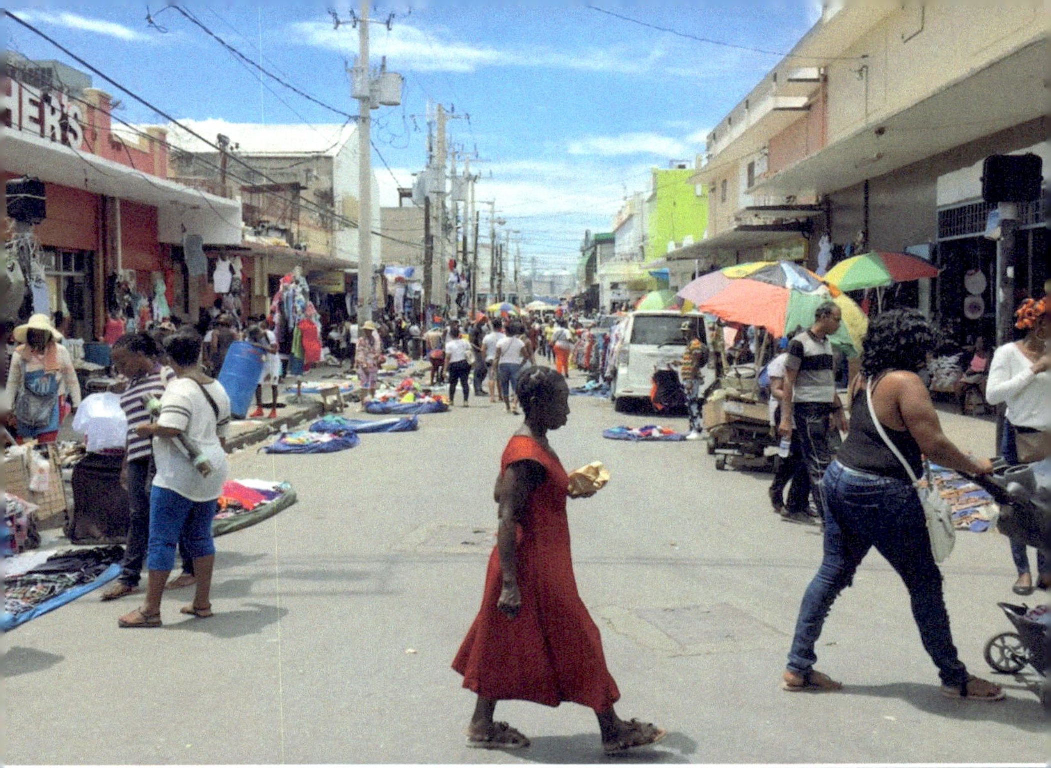

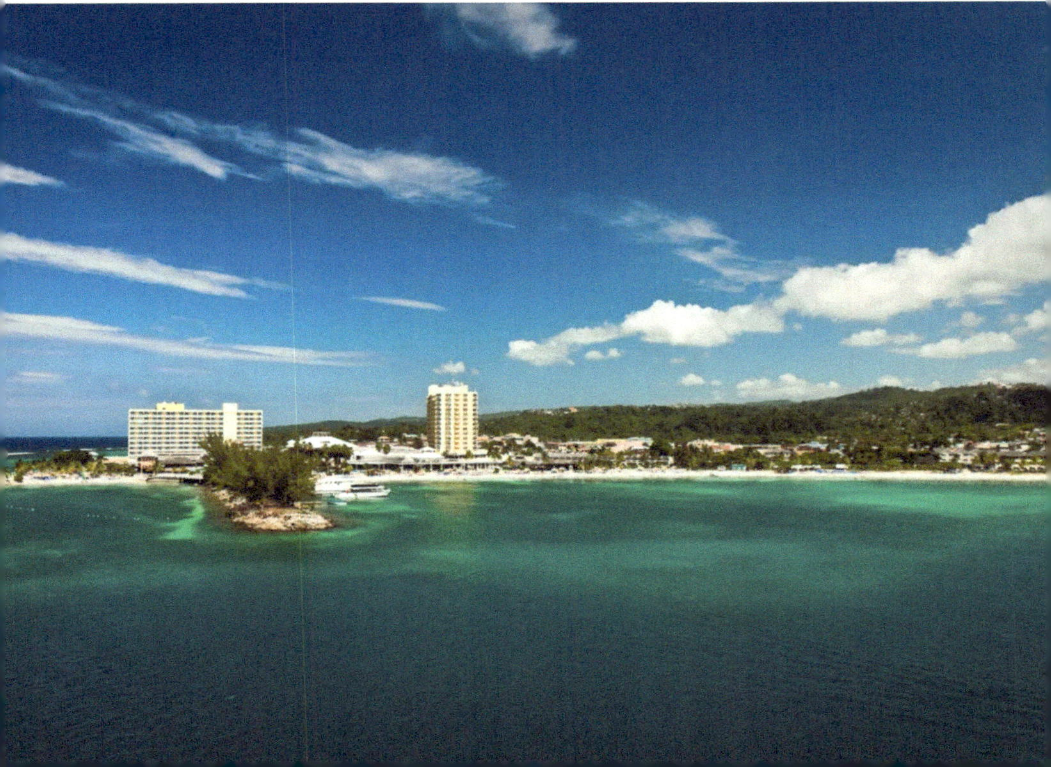

38.
케이프타운
바람과 기억, 식민과 분리의 역사

　케이프타운(Cape Town)은 지리적으로 '남쪽의 끝'이지만, 문화적으로는 수많은 세계가 만나는 문명의 경계선이다. 테이블 마운틴을 병풍처럼 두르고 바다를 향해 열린 이 도시는, 아프리카 대륙의 시작점이자 유럽 식민의 첫 상륙지, 그리고 오늘날 다인종 민주주의의 실험실로도 기능하고 있다. 이런 다층적인 풍경 속에서 맥주는 정체성과 자유, 거리와 자연, 그리고 일상의 교차점을 이끄는 도시적 감각의 매개체로 존재한다.

케이프타운은 17세기 네덜란드 동인도회사가 중간 기착지로 삼으면서 도시로서의 역사가 본격적으로 시작되었다. 이후 영국, 프랑스, 독일 등 유럽의 다양한 문화가 중첩되었고, 그에 따라 맥주도 초기부터 이식된 유럽문화의 일상성으로 자리잡았다.

아파르트헤이트 시기에는 맥주를 비롯한 음주문화도 인종과 계급에 따라 공간적으로 분리되었다. 백인 거주지역의 바와 맥주홀, 흑인 타운십의 셰빈(Shebeen: 비공식 주점)은 서로 다른 맥주를 마시고, 다른 음악을 틀며, 서로 다른 정체성을 형성했.

오늘날 이 도시는 과거의 분리를 넘어 맥주 한 잔을 통해 삶을 다시 연결하려는 실험이 진행 중인 장소다.

케이프타운은 자연이 도시의 일부가 아니라 도시 그 자체의 구조이자 리듬이다. 바람이 세고, 햇볕은 강하며, 수평선은 넓다. 이곳에서 맥주는 그런 자연의 강도와 리듬을 조화롭게 감싸주는 음료다. 해안가에서, 공원에서, 또는 산자락 브루어리에서 맥주는 케이프타운의 자연 속에서 천천히 마시고 오래 머무는 문화로 스며들고 있다.

케이프타운에는 현재 수십 곳 이상의 로컬 크래프트 브루어리가 운영 중이다. 이들은 도시 공간과 커뮤니티 감각을 되살리는 실천 공간으로 기능한다.

Devil's Peak Brewing Company는 남아공 크래프트 맥주 시장의 선도자다. 테이블마운틴의 지형을 상징하는 이름이며, Pale Ale과 King's Blockhouse IPA로 유명하다.

Woodstock Brewery는 예술과 거리문화가 어우러진 우드스톡 지역에 위치하고 있으며, 인근 커피숍, 갤러리, 마켓과 어우러지는 복합 문화 공간이다.

Cape Brewing Company (CBC)는 프란쉬후크 인근, 청정 지역에서 운영되며 독일식 맥주 철학을 남아공 감각으로 재해석한다.

이 브루어리들은 맥주를 마시는 공간이자, '함께 있음'을 새롭게 연습하는 장소다. 예전에는 함께 앉지 못했던 사람들이, 지금은 같은 테이블에서 잔을 부딪힌다.

케이프타운의 자연과 역사, 상처와 회복 그리고 다양한 사람과의 느슨한 연결을 느끼며 맥주를 즐겨보자.

　여기서 맥주는 짧은 축배가 아니라, 길고 조용한 이야기의 동반자다. 누구나 쉽게 다가갈 수 있으면서도, 각자에게 다른 의미를 남기는 도시적 음료. 한 잔의 맥주는 오늘의 남아프리카공화국이 어떻게 공존을 실험하고 있는가를 가장 잘 보여주는 사회적 풍경이 된다.

39. 시드니
공동체를 빚는 다문화적 감각

 시드니(Sydney)는 남반구에서 가장 다채로운 감각이 공존하는 도시다. 영국 유배지로 시작된 식민의 역사, 태평양을 마주한 지리적 개방성, 다양한 인종과 이주민이 모여 이룬 다문화성, 그리고 활짝 열린 해안의 일상이다. 이 도시에서 맥주는 햇살 아래 멈춰 서게 해주는 도시적 쉼표로 작동한다.

시드니의 맥주문화는 초기 영국 이주민들이 가져온 에일과 라거의 전통에서 시작되었다. 19세기 후반부터 맥주는 노동자들의 일상에 필수적인 음료가 되었고, 대형 맥주회사들이 도시 전역에 퍼지며 VB(Victoria Bitter), Tooheys, Carlton Draught 같은 국민 맥주 브랜드가 자리잡게 된다.

그러나 2000년대 이후, 시드니에서는 '호주적인 맛'을 찾는 움직임이 본격화되었다. Cascade Pale Ale, Coopers Sparkling Ale 등의 독자적인 호주 맥주 스타일이 재조명되었고, 이후 수십 개의 크래프트 브루어리가 등장하며 시드니만의 맥주 감각이 자리를 잡았다.

시드니에서 맥주는 종종 파도와 바람, 땀과 흙먼지, 거리의 이야기와 함께 마시는 음료다.

대표적인 지역인 뉴타운(Newtown), 마롱브루(Marrickville), 서리힐즈(Surry Hills) 등에서는 로컬 브루어리들이 갤러리, 카페, 서점, 빈티지 숍과 어우러진 복합 문화 공간으로 기능하고 있다.

Young Henrys는 펑크 감성과 지역 커뮤니티 연계로 유명한 브루어리. Newtowner Pale Ale은 지역을 상징하는 맥주로 사랑받고 있다.

Batch Brewing Company는 신선한 재료, 회전식 라인업으로 매번 새로운 맥주 실험하고, 지역 식재료를 사용한 한정판도 많이 생산한다.

Pines Brewing은 해변 문화와 함께 마시는 맥주의 상징으로 Surf culture와 로컬 감성의 결합이다.

　이 맥주들은 함께 있는 순간의 공기와 말투를 공유하는 방식으로 기능한다.

　시드니는 다인종 이민 도시다. 백인 영국계부터 아시아, 중동, 아프리카계 이주민까지 다양한 배경이 이 도시의 거리와 음식, 언어를 구성한다. 그만큼 맥주문화도 다양하다.

　맥주는 서로 다른 문화권의 사람들이 함께 머물 수 있는 감각의 공간을 형성한다. 한쪽에서는 바비큐와 함께, 또 다른 쪽에서는 스파이시한 음식과 함께. 지역 바에서는 다양한 언어가 오가고, 다양한 배경의 사람들이 같은 탭에서 맥주를 따른다.

특히 페일에일과 IPA는 시드니의 젊은 세대가 가장 즐기는 스타일이며, 최근에는 사워 에일과 밀맥주, 로컬 홉을 활용한 실험적 맥주도 각광받고 있다.

시드니 오페라 하우스를 바라보며 마시는 한 잔의 맥주는 햇살과 그림자, 바다 냄새와 거리 음악, 서로 다른 말투를 가진 사람들 사이에 놓이는 감각의 매개체다.

루프탑바에서 하버브리지를 바라보며 한 잔, 바닷가 모래 위에서 젖은 발을 말리며 한 모금, 저녁 골목길 펍에서 옆 사람과 마주 웃으며 나누는 한 병, 시드니의 맥주는 그런 장면들로 기억된다.

40.
오클랜드
식민 유산과 마오리의 리듬

 오클랜드(Auckland)는 하나의 도시가 아니라 섬과 섬이 이어진 시간의 레이어다. 마오리족의 전통 땅, 영국 식민의 중심지, 태평양 이주의 관문, 그리고 지금은 자연과 도시가 공존하는 느린 일상의 대표적인 표본으로 자리하고 있다. 이런 도시에서 맥주는 삶과 감각 사이를 부드럽게 잇는 풍경의 일부다.

　뉴질랜드 맥주문화의 시작은 영국 이주자들의 에일 전통에서 비롯되었다. 19세기 중반부터 라거가 보급되며 상업적 양조장이 세워졌고, 이후 뉴질랜드 전역에서 맥주는 일상적 음료이자 남성성의 기호로 자리잡았다.

　하지만 오클랜드는 단순한 식민 유산 도시가 아니다. 이곳은 마오리 전통과 태평양계 이주민의 문화가 함께 살아 있는 다중문화 도시다. 그만큼 맥주의 의미도 단일하지 않다.

　공식 행사에서는 마오리 전통 '홍이(Hongi)' 인사 후 맥주가 건배되기도 하고, 도시 외곽의 타운에서는 폴리네시안 청년들의 거리문화와 IPA 한 병이 같은 자리에 놓이기도 한다.

오클랜드는 바다와 접한 삶의 감각이 일상에 깊게 배어 있다. 주말이면 모두가 바닷가로 나가고, 해 질 무렵이면 공원이나 피크닉 테이블 위에는 조용한 맥주 한 병이 놓인다.

뉴질랜드 맥주는 대체로 홉의 향이 강한 페일에일 계열이 많다. Nelson Sauvin이나 Motueka 같은 뉴질랜드 고유 홉 품종은 전 세계 맥주 애호가들에게도 유명하다. 이러한 향과 감미는 오클랜드의 맑은 바람과 부드러운 햇살과도 어울리는 리듬을 만든다.

오클랜드에는 지금 약 20개 이상의 로컬 크래프트 브루어리가 운영 중이며, 이들은 단순한 술집이 아닌 도시의 공공성을 실험하는 열린 공간이다.

Hallertau Brewery는 독일식 맥주 전통과 현대 감각을 조화롭게 재해석하며, 가족 단위 방문자와 예술 행사가 많은 복합 공간이다. Garage Project는 실험적 크래프트 맥주 브랜드의 상징으로 Sour, Hazy IPA, Barrel-aged Ale 등 다채로운 스타일 제공한다. Urbanaut Brewing Co.는 디자인 중심의 맥주 브랜드. 로컬 문화와 연계된 라벨 아트워크와 이색 레시피가 특징이다.

　이 공간들에서는 맥주가 도시를 새롭게 이해하는 방식으로 작동한다. 지역 음악, 아트 마켓, 커뮤니티 모임이 함께 이루어지는 가운데, 맥주는 그 감각을 자연스럽게 연결해준다.

　오클랜드에서 맥주 한 잔, 바다 냄새와 섬의 습도, 각기 다른 사람들의 언어를 하나의 감각 안에 담는 행위다. 빠르지 않지만, 멈추지 않는 도시. 그 흐름 안에서 맥주는 말보다 먼저 감정을 열고, 다름을 이해하게 해주는 도구다.

　공원 벤치, 페리 선착장, 골목길 브루펍, 루프탑바 그 어느 곳이든, 맥주가 놓이면 그곳은 곧 오클랜드의 풍경이 된다.

참고문헌

루체른

Russell Shorto. Amsterdam: A History of the World's Most Liberal City. New York: Vintage, 2013.
Schmid, Christoph. Luzern ? Geschichte einer Stadt. Luzern: Verlag Neue Zurcher Zeitung, 2015.
Wagner Museum Luzern. "Richard Wagner Museum." Museum Luzern.
https://www.richard-wagner-museum.ch
Lucerne Tourism. "Chapel Bridge ? Kapellbrucke." Luzern Tourismus.
https://www.luzern.com/en/highlights/chapel-bridge
Rathaus Brauerei. "Home." Rathaus Brauerei Luzern.
https://www.braui.ch
Lucerne Tourism. "Lion Monument." Luzern Tourismus.
https://www.luzern.com/en/highlights/lion-monument
https://www.culturecontent.com
Beer Culture Days. "Festival Program." bierkulturfest.ch.
https://www.bierkulturfest.ch

암스테르담

Russell Shorto. Amsterdam: A History of the World's Most Liberal City. New York: Vintage, 2013
Simon Schama. The Embarrassment of Riches: An Interpretation of Dutch Culture in the Golden Age. London: Collins, 1987
"Cycling Facts and Figures." Gemeente Amsterdam
https://www.amsterdam.nl

"Heineken Experience Amsterdam." Heineken International.
https://www.heinekenexperience.com
Wikipedia contributors. "Kidnapping of Freddy Heineken."
https://en.wikipedia.org/wiki/Kidnapping_of_Freddy_Heineken
Brouwerij 't IJ. "About Us." Brouwerij 't IJ Amsterdam.
https://www.brouwerijhetij.nl
De Prael Brewery. "Our Story." Brouwerij De Prael.
https://deprael.nl
Oedipus Brewing. "The Brewery." Oedipus Amsterdam.
https://oedipus.com

안트베르펜

Jonathan Israel. The Dutch Republic: Its Rise, Greatness, and Fall Oxford: Clarendon Press, 1995.
Charles Dellheim. The Face of the Past: The Preservation of the Medieval Inheritance in Victorian England. Cambridge University Press, 1982.
Rubenshuis Antwerpen. "The Rubens House." Rubenshuis Official Website.
https://www.rubenshuis.be
Visit Antwerp. "Antwerp: City of Diamonds, Art, and Beer." Visit Antwerpen Official Tourism Website.
https://www.visitantwerpen.be
Kulminator Antwerp. "About." Kulminator Beer Bar Official Page.
https://www.kulminator.be
Tim Webb & Stephen Beaumont. The World Atlas of Beer. New

York: Sterling Epicure, 2016.
Garrett Oliver (ed). The Oxford Companion to Beer. Oxford University Press, 2011.

브라티슬라바

Kirschbaum, Stanislav J. A History of Slovakia: The Struggle for Survival. New York: Palgrave Macmillan, 2005.
Paul Lendvai. The Hungarians: A Thousand Years of Victory in Defeat. Princeton University Press, 2004.
Visit Bratislava. "Bratislava: Discover the Capital of Slovakia." Official Tourism Portal.
https://www.visitbratislava.com
Bratislavsky Metiansky Pivovar. "Our Beer & Story." BMP Brewery Official Website.
https://www.mestianskypivovar.sk
Zamocky pivovar. "Zamocky Beer Menu." Zamocky pivovar Bratislava.
https://www.zamockypivovar.sk
European Beer Guide. "Slovakia Beer and Breweries."
https://www.europeanbeerguide.net/slovakia.htm
Sloboda, Michal. "Craft Beer Revolution in Bratislava." Spectator.sk, May 2022.
https://spectator.sme.sk
Slavomir Stojka. "Bratislava's Public Sculptures and the Everyday." Central Europe Urban Forum Proceedings, 2018.

프라하

Demetz, Peter. Prague in Black and Gold: Scenes from the Life of a European City. New York: Hill and Wang, 1997.
Sayer, Derek. The Coasts of Bohemia: A Czech History. Princeton University Press, 1998.
Howard, Jeremy. Art Nouveau: International and National Styles in Europe. Manchester University Press, 1996.
Pilsner Urquell Brewery. "Our Story." Pilsner Urquell Official Website.
https://www.pilsnerurquell.com
U Flek Brewery and Restaurant. "History of U Flek."
https://www.ufleku.cz
Dvoakova, Eva. "Czech Beer Culture: Tradition and Transformation." Journal of Czech Cultural Studies, Vol. 12, 2020.
Visit Czech Republic. "Czech Beer Trail: Explore the Best Breweries." CzechTourism Official Website.
https://www.visitczechrepublic.com
Vinohradsky pivovar. "About the Brewery." Vinohradsky pivovar Official Website.
https://www.vinohradskypivovar.cz

비엔나

Schorske, Carl E. Fin-de-Siecle Vienna: Politics and Culture. New York: Vintage Books,
Janik, Allan & Toulmin, Stephen. Wittgenstein's Vienna. Chicago:

Freud, Sigmund. Civilization and Its Discontents. Trans. James Strachey. New York: Norton,
Beller, Steven. A Concise History of Austria. Cambridge University Press, 2006.
Ottakringer Brauerei. "Our History." Ottakringer Brewery Official Website.
https://www.ottakringerbrauerei.at
7Stern Brau. "About Us." 7Stern Brau Wien.
https://www.7stern.at
Hawidere Bierpub. "Craft Beer, Culture & Community."
https://www.hawidere.at
Mosher, Randy. Tasting Beer: An Insider's Guide to the World's Greatest Drink. Storey Publishing, 2017.
Garshol, Lars Marius. Historical Brewing Techniques: The Lost Art of Farmhouse Brewing. Brewers Publications, 2020.
UNESCO. "Viennese Coffee House Culture." UNESCO Intangible Cultural Heritage Lists.
https://ich.unesco.org/en/RL/viennese-coffee-house-culture-00698

뮌헨

Wilson, Peter H. Heart of Europe: A History of the Holy Roman Empire. Harvard University Press, 2016.
Ogle, Maureen. Ambitious Brew: The Story of American Beer. Harcourt, 2006.
Katz, Solomon. Beer and Society: An Historical Perspective. University of Pennsylvania Press, 1991.

Oxford Companion to Beer. Edited by Garrett Oliver. Oxford University Press, 2011.

Hofbrau Munchen. "Our History." Hofbrauhaus Official Website.

https://www.hofbraeuhaus.de

Augustiner Brau Munchen. "About Us." Augustiner Brau Official Website.

https://www.augustiner-braeu.de

CREW Republic. "Our Philosophy." CREW Republic Craft Beer.

https://www.crewrepublic.de

UNESCO. "German Beer Culture and the Reinheitsgebot." Intangible Cultural Heritage UNESCO.

https://ich.unesco.org

부다페스트

Kontler, Laszlo. A History of Hungary: Millennium in Central Europe. Palgrave Macmillan, 2002.

Hanak, Peter. The Garden and the Workshop: Essays on the Cultural History of Vienna and Budapest. Princeton University Press, 1998.

Judt, Tony. Postwar: A History of Europe Since 1945. New York: Penguin Press, 2005.

Dreher Sorgyarak Zrt. "Our Heritage." Dreher Brewery Official Website.

https://www.dreher.hu

Eleszt?haz Budapest. "Craft Beer Revolution."

https://www.elesztohaz.hu

Mad Scientist Brewery. "Experimental Brewing in Budapest."
https://www.madscientist.hu
Gellert Baths & Spa. "History and Architecture."
https://www.gellertbath.hu
Szechenyi Thermal Bath. "Outdoor Spa and Cultural Symbol."
https://www.szechenyibath.hu

파리

Ferguson, Priscilla Parkhurst. Accounting for Taste: The Triumph of French Cuisine. University of Chicago Press, 2004.
Hazareesingh, Sudhir. How the French Think: An Affectionate Portrait of an Intellectual People. Basic Books, 2015.
Berghoff, Hartmut (ed). The Making of Modern Tourism: The Cultural History of Travel and the French Cafe. Palgrave Macmillan, 2002.
BAPBAP ? Biere a Paris. "Our Brewery Philosophy." BAPBAP Paris.
https://www.bapbap.paris
Paname Brewing Company. "Craft Beer Culture in Paris."
https://www.panamebrewingcompany.com
La Parisienne. "Notre histoire." Brasserie La Parisienne.
https://www.laparisienne.fr
Wilson, Elizabeth. Bohemians: The Glamorous Outcasts. Tauris Parke, 2000.
Baudrillard, Jean. Simulacra and Simulation. University of Michigan Press, 1994.

런던

Porter, Roy. London: A Social History. Harvard University Press, 1995.
Jennings, Paul. The Local: A History of the English Pub. Tempus Publishing, 2007.
Jackson, Michael. The World Guide to Beer. Running Press, 1988.
Baggini, Julian. Welcome to Everytown: A Journey into the English Mind. Granta Books, 2007.
Beavertown Brewery. "About Us." Beavertown Official Website. https://www.beavertownbrewery.co.uk
Camden Town Brewery. "Our Story." Camden Town Brewery. https://www.camdentownbrewery.com
The George Inn ? National Trust. "History of the George Inn." https://www.nationaltrust.org.uk/visit/london/the-george-inn
Featherstone, Mike. Consumer Culture and Postmodernism. Sage Publications, 1991.

더블린

Kiberd, Declan. Inventing Ireland: The Literature of the Modern Nation. Harvard University Press, 1995.
Fintan O'Toole. The Lie of the Land: Irish Identities. Verso, 1997.
Guinness Storehouse. "Our Story." Guinness Official Website. https://www.guinness-storehouse.com
Porterhouse Brewing Company. "About Us." The Porterhouse Brew Co.

https://www.theporterhouse.ie
Cronin, Mike. A History of Ireland. Palgrave Macmillan, 2001.
Kiberd, Declan. Ulysses and Us: The Art of Everyday Living. Faber & Faber, 2009.
Visit Dublin. "Pub Culture and Irish Storytelling." Official Dublin Tourism Site.
https://www.visitdublin.com
Casey, Christine. Dublin: The City Within the Grand and Royal Canals and the Circular Road with the Phoenix Park. Yale University Press, 2005.

피렌체

Burckhardt, Jacob. The Civilization of the Renaissance in Italy. Penguin Classics, 1990.
Najemy, John M. A History of Florence 1200?1575. Blackwell Publishing, 2006.
Hibbert, Christopher. Florence: The Biography of a City. HarperCollins, 1993.
Mostodolce Firenze. "Our Beers & Philosophy." Birrificio Mostodolce Official Website.
https://www.mostodolce.it
Archea Brewery Firenze. "Local Brewing with Identity."
https://www.archeabrewery.com
Braumeister Firenze. "Birra Artigianale Tedesca in Toscana."
https://www.braumeister.it
UNESCO. "Historic Centre of Florence World Heritage Listing.

코펜하겐

Gehl, Jan. Cities for People. Island Press, 2010.
Coles, Alex. Design and Art: Documents of Contemporary Art. MIT Press, 2007.
Jørgensen, Ulrik. "Sustainable Transition of the Danish Food System: Balancing Change and Stability." Environmental Innovation and Societal Transitions, Vol. 37, 2020.
Mikkeller. "Our Story." Mikkeller Official Website.
https://www.mikkeller.com
To Øl. "About Us." To Øl Brewery Official Website.
https://toolbeer.dk
BRUS Copenhagen. "Beer + Community + Gastronomy."
https://www.brus.dk
Visit Copenhagen. "Craft Beer in Copenhagen: From Mikkeller to Microbreweries."
https://www.visitcopenhagen.com
Thompson, Nato. Seeing Power: Art and Activism in the 21st Century. Melville House, 2015.

바르샤바

Davies, Norman. Rising '44: The Battle for Warsaw. Viking Press, 2003.
Brier, Robert. "The Roots of Polish Communism." East European Politics & Societies, Vol. 21, No. 2, 2007.
UNESCO. "Historic Centre of Warsaw." World Heritage List.

https://whc.unesco.org/en/list/30
PiwPaw Warszawa. "O nas / About us."
https://piwpaw.pl
Kufle i Kapsle. "Warsaw Craft Beer Bars."
https://kufleikapsle.pl
Czeska Baszta. "Czech Beer Culture in Warsaw."
https://czeskabaszta.pl
Browar Artezan. "Nasze piwo / Our Beers."
https://browarartezan.pl
Zaremba, Marcin. Great Terror, Small Fear: Everyday Life in Poland after 1945. Wydawnictwo Znak, 2012.

바르셀로나

Hughes, Robert. Barcelona. Vintage Books, 1992.
Permanyer, Lluis. Modernisme: Architecture and Design in Catalonia. Ediciones Poligrafa, 2014.
McDonogh, Gary. Good Families of Barcelona: A Social History of Power in the Industrial Era. Princeton University Press, 1986.
Estrella Damm. "Our Story." Estrella Damm Official Website.
https://www.estrelladamm.com
Garage Beer Co. "Barcelona-Based Craft Beer."
https://www.garagebeer.co
Edge Brewing. "American Craft Beer Brewed in Barcelona."
https://www.edgebrewing.com
Font, Joan. "Catalan Identity and Political Discontent." South European Society and Politics, Vol. 19, No. 4, 2014.

"Works of Antoni Gaudi." World Heritage Centre UNESCO. https://whc.unesco.org/en/list/320

샌디에이고

Acitelli, Tom. The Audacity of Hops: The History of America's Craft Beer Revolution. Chicago Review Press, 2013.
Mathews, Brian. San Diego Beer News: A History and Guide to Breweries. The History Press, 2020.
Lewis, Michael. "The Rise of San Diego as a Craft Beer Capital." Journal of Urban Gastronomy, Vol. 7, No. 2, 2018.
Stone Brewing Co. "Our Mission and Beers."
https://www.stonebrewing.com
Ballast Point Brewing Co. "Sculpin IPA & Our Story."
https://www.ballastpoint.com
Modern Times Beer. "Beer, Coffee, and Culture."
https://www.moderntimesbeer.com
Visit San Diego. "San Diego's Craft Beer Scene."
https://www.sandiego.org/campaigns/craft-beer.aspx
Smith, Jeff. "Hops and Hospitality: The Social Life of Breweries in Southern California." Cultural Geography Quarterly, Vol. 9, 2019.

시카고

Cronon, William. Nature's Metropolis: Chicago and the Great West. W. W. Norton & Company, 1991.

Abu-Lughod, Janet. New York, Chicago, Los Angeles: America's Global Cities. University of Minnesota Press, 1999.
Acitelli, Tom. The Audacity of Hops: The History of America's Craft Beer Revolution. Chicago Review Press, 2013.
Goose Island Beer Co. "Our History & Bourbon County Stout."
https://www.gooseisland.com
Revolution Brewing. "Who We Are."
https://revbrew.com
Half Acre Beer Company. "About Us."
https://www.halfacrebeer.com
Dovetail Brewery. "Traditional European Brewing in Chicago."
https://www.dovetailbrewery.com
Smith, Daniel. "Brewed in Bronzeville: Race, Craft Beer, and South Side Revival." Urban Studies Quarterly, Vol. 28, No. 1, 2021.

보스톤

Cheek, Martin. Boston: A Social and Cultural History. University of Massachusetts Press, 2015.
Acitelli, Tom. The Audacity of Hops: The History of America's Craft Beer Revolution. Chicago Review Press, 2013.
Boston Beer Company (Samuel Adams). "Our Heritage."
https://www.samueladams.com/about-us
Harpoon Brewery. "About Us."
https://www.harpoonbrewery.com
Trillium Brewing Company. "Farmhouse Culture in the City."
https://www.trilliumbrewing.com

Night Shift Brewing. "Our Story."
https://www.nightshiftbrewing.com
Stoll, Ira. Samuel Adams: A Life. Free Press, 2008.
Ziewitz, Katherine. "Boston Beer and Urban Identity." American Foodways Journal, Vol. 11, No. 2, 2021.

토론토

Heron, Craig. Booze: A Distilled History. Between the Lines, 2003.
Gombay, Nicole. "Urban Diversity and the Craft Beer Movement in Toronto." Canadian Food Studies / La Revue canadienne des etudes sur l'alimentation, Vol. 6, No. 2, 2019.
Bellwoods Brewery. "About Us."
https://bellwoodsbrewery.com
Steam Whistle Brewing. "Our Story."
https://steamwhistle.ca
Blood Brothers Brewing. "Who We Are."
https://www.bloodbrothersbrewing.com
Wood, Lesley. "Civic Identity and Urban Food & Drink: The Toronto Beer Scene." Urban Culture Review, Vol. 4, 2020.
CBC Docs. "Toronto's Craft Beer Revolution." CBC Digital Archives.
https://www.cbc.ca
Statistics Canada. "Cultural Diversity in Toronto."
https://www.statcan.gc.ca

프라이징

Hornsey, Ian S. A History of Beer and Brewing. Royal Society of Chemistry, 2003.
Dornbusch, Horst. Prost! The Story of German Beer. Brewers Publications, 2007.
Weihenstephan Brewery. "Our History."
https://www.weihenstephaner.de
Technische Universitat Munchen Brau-
und Getranketechnologie.
Boulton, Christopher & David Quain. Brewing Yeast and Fermentation. Wiley-Blackwell, 2006.
UNESCO Germany. "Beer Culture in Bavaria."
https://www.unesco.de
Bayerisches Landesamt fur Denkmalpflege. "Freisinger Domberg ? Kulturgeschichte."
https://www.blfd.bayern.de
Harenberg, Jurgen. Bayern: Kulturgeschichte und Braukunst. DuMont Reiseverlag, 2015.

뉘른베르크

Dornbusch, Horst. Prost! The Story of German Beer. Brewers Publications, 2007.
Hornsey, Ian S. A History of Beer and Brewing. Royal Society of Chemistry, 2003.
Hausbrauerei Altstadthof. "Historisches Rotes Bier und

Brautradition."
https://www.altstadthof.de
Tourismus Nurnberg. "Historische Felsengange ? Bierkeller unter der Stadt."
https://tourismus.nuernberg.de
Schanzenbrau. "Bierkultur im Nurnberger Westen."
https://www.schanzenbraeu.de
Puttner, Karl. Nurnberger Braukunst: Geschichte und Gegenwart. Nurnberger Verlagshaus, 2016.
Bayerisches Landesamt fur Denkmalpflege. "Bierkeller in Franken: Immaterielles Kulturerbe."
https://www.blfd.bayern.de
UNESCO Germany. "Bierkultur in Deutschland."
https://www.unesco.de

밤베르크

Dornbusch, Horst. Prost! The Story of German Beer. Brewers Publications, 2007.
Hornsey, Ian S. A History of Beer and Brewing. Royal Society of Chemistry, 2003.
Schlenkerla Brewery. "History & Rauchbier."
https://www.schlenkerla.de
Brauerei Spezial. "Tradition seit 1536."
https://www.brauerei-spezial.de
UNESCO World Heritage Centre. "Town of Bamberg."
https://whc.unesco.org/en/list/624

Wust, Wolfgang. Bamberg: Geschichte einer frankischen Stadt. Friedrich Pustet Verlag, 2011.
Gourvish, T. R. The Dynamics of German Brewing: Regional Identity and Industrial Adaptation. Business History, Vol. 37, No. 4, 1995.
Frankischer Brauereiwanderweg. "Bamberg and Surrounding Brewery Culture."
https://www.bierwandern.de

쾰른

Bess, Michael. Koln: Geschichte einer Stadt. DuMont Buchverlag, 2010.
Hornsey, Ian S. A History of Beer and Brewing. Royal Society of Chemistry, 2003.
Kolsch Konvention. "Verordnung zum Schutz der Bezeichnung Kolsch."
https://www.koelner-brauerei-verband.de
Fruh Kolsch. "Tradition und Braukunst seit 1904."
https://www.frueh.de
Gaffel Kolsch. "Kolsche Lebensart im Glas."
https://www.gaffel.de
UNESCO Germany. "Karneval in Koln Immaterielles Kulturerbe."
https://www.unesco.de
Plattner, Helmut. Bier in Deutschland: Kultur, Geschichte, Vielfalt. Locker Verlag, 2015.
Koln Tourismus GmbH. "Kolsch-Kultur erleben."
https://www.koelntourismus.de

잘츠부르크

Beller, Steven. A Concise History of Austria. Cambridge University Press, 2006.
Hornsey, Ian S. A History of Beer and Brewing. Royal Society of Chemistry, 2003.
Stiegl Brauwelt. "Unsere Geschichte."
https://www.stiegl.at
Augustiner Brau Kloster Mulln. "Tradition seit 1621."
https://www.augustinerbier.at
UNESCO World Heritage Centre. "Historic Centre of the City of Salzburg."
https://whc.unesco.org/en/list/784
Plattner, Helmut. Bier in Osterreich: Geschichte, Kultur, Genuss. Locker Verlag, 2014.
Salzburg.info Offizielles Tourismusportal der Stadt Salzburg.
https://www.salzburg.info
Kulturvereinigung Salzburg. "Musik und Alltag in Salzburg."
https://www.kulturvereinigung.com

브뤼셀

Jenkins, Phil. Beer in Belgium: A Cultural History. Leuven University Press, 2015.
Hornsey, Ian S. A History of Beer and Brewing. Royal Society of Chemistry, 2003.
Brasserie Cantillon. "Traditional Lambic Brewery & Museum."

https://www.cantillon.be
Brasserie de la Senne. "Brewery Philosophy."
https://www.brasseriedelasenne.be
UNESCO Belgium. "Belgian Beer Culture as Intangible Cultural Heritage."
https://www.unesco.be
Webb, Tim; Beaumont, Stephen. The World Atlas of Beer. Mitchell Beazley, 2020.
Moeder Lambic. "Our Story & Beers."
https://www.moederlambic.com
Plattner, Helmut. Bier in Belgien: Vielfalt, Tradition und Geschmack. Locker Verlag, 2018.

브뤼주

Hornsey, Ian S. A History of Beer and Brewing. Royal Society of Chemistry, 2003.
Cambridge, Judith. Belgian Beer and Brewing Traditions. Leuven University Press, 2014.
De Halve Maan Brewery. "Onze Geschiedenis & Brugse Zot."
https://www.halvemaan.be
UNESCO World Heritage Centre. "Historic Centre of Brugge."
https://whc.unesco.org/en/list/996
Webb, Tim & Beaumont, Stephen. The World Atlas of Beer. Mitchell Beazley, 2020.
Verhelst, Johan. Bier & Brugge: Geschiedenis en Gezelligheid. Brugge Historische Reeks, 2017.

Plattner, Helmut. Bier in Belgien: Vielfalt, Tradition und Geschmack. Locker Verlag, 2018.
Visit Bruges Official Tourism Portal. "Brewery Tours & Beer Culture."
https://www.visitbruges.be

리버풀

Belchem, John. Liverpool 800: Culture, Character and History. Liverpool University Press, 2006.
Hornsey, Ian S. A History of Beer and Brewing. Royal Society of Chemistry, 2003.
Jennings, Paul. The Local: A History of the English Pub. Tempus Publishing, 2007.
Love Lane Brewery. "Our Story & Taproom."
https://www.lovelanebeer.com
Black Lodge Brewing. "Beers, People, City."
https://www.blacklodgebrewing.co.uk
Liverpool Brewing Company. "Tradition, Quality, Local Pride."
https://liverpoolbrewingcompany.co.uk
Wade, Stephen. Liverpool: The Great Port. The History Press, 2010.
Sandbrook, Dominic. The Great British Dream Factory. Allen Lane, 2015.
Visit Liverpool – Official Tourism Board. "Beer, Breweries & Pub Trails."
https://www.visitliverpool.com

멕시코시티

Meyer, Michael C., William L. Sherman, and Susan M. Deeds. The Course of Mexican History. Oxford University Press, 2010.
Joseph, Gilbert M., and Daniel Nugent (eds.).
Everyday Forms of State Formation: Revolution and the Negotiation of Rule in Modern Mexico. Duke University Press, 1994.
El Colegio de México
『Ciudad de México: Historia, cultura y transformación urbana』. 2021.
González, Mónica. "La cultura cervecera en México: de la industria tradicional a la revolución artesanal."
Revista Mexicana de Sociología, UNAM, vol. 81, no. 2, 2019, pp. 345-368.
Cerveceros de México. "Historia de la cerveza en México."
https://www.cervecerosdemexico.com
La Chingonería. "Cervezas con carácter."
https://www.lachingoneria.mx
Falling Piano Brewing Co.
https://www.fallingpiano.com
Monstruo de Agua.
https://www.monstruodeagua.com
UNESCO Mexico. "Historic Centre of Mexico City and Xochimilco."
https://whc.unesco.org/en/list/412

아바나

Scarpaci, Joseph L., Roberto Segre, and Mario Coyula.
Havana: Two Faces of the Antillean Metropolis. University of North Carolina Press, 2002.
Pertierra, Anna Cristina.
Cuban Television in the Twenty-First Century: Local Programming, Global Markets. Rutgers University Press, 2012.
Pérez, Louis A. Jr.
On Becoming Cuban: Identity, Nationality, and Culture. University of North Carolina Press, 1999.
Garth, Hanna.
Food in Cuba: The Pursuit of a Decent Meal. Stanford University Press, 2020.
Cervecería Bucanero S.A.
"Nuestros Productos."
https://www.bucanero.com.cu
Lonely Planet Cuba Guide.
"Best Craft Beer and Bars in Havana."
https://www.lonelyplanet.com
Almeyra, Guillermo. "Beer and the Cuban Economy." Monthly Review, vol. 58, no. 3, 2006.
UNESCO. "Old Havana and its Fortification System."
https://whc.unesco.org/en/list/204
Cuba Journal. "Craft Beer is Quietly Emerging in Cuba."
https://cubajournal.co

부에노스아이레스

Gorelik, Adrián.
La grilla y el parque: Espacio público y cultura urbana en Buenos Aires, 1887–1936. Universidad Nacional de Quilmes, 1998.
Karush, Matthew B.
Musicians in Transit: Argentina and the Globalization of Popular Music. Duke University Press, 2017.
Collins, John F.
"Crafting Neoliberalism: Beer, Taste, and Transformation in Buenos Aires."
Cultural Anthropology, vol. 31, no. 3, 2016, pp. 398–421.
Quilmes Argentina. "Nuestra Historia."
https://www.quilmes.com.ar
Antares Cerveza Artesanal. "Historia y Filosofía."
https://www.cervezaantares.com
Lins Ribeiro, Gustavo.
"Globalization and Cultural Citizenship in Buenos Aires."
Anthropological Quarterly, vol. 76, no. 1, 2003, pp. 87–106.
UNESCO. "Tango: Intangible Cultural Heritage of Humanity."
https://ich.unesco.org/en/RL/tango-00258
Oliveto, Norberto.
Cervezas argentinas: Historia, estilos y cultura cervecera. Editorial Catapulta, 2020.

삿포로

Low, Morris.
Science and the Building of a Modern Japan. Palgrave Macmillan, 2005.
Tamamura, Kiichiro.
Beer in Japan: Breweries, Styles and Traditions. Japan Publications Trading Co., 2017.
Sapporo Breweries Ltd. "History and Philosophy."
https://www.sapporobeer.jp
Sapporo Beer Museum. "The Birthplace of Japanese Beer."
https://www.sapporobeer.jp/brewery/sapporo/museum
Ishige, Naomichi.
The History and Culture of Japanese Food. Routledge, 2001.
Japan Beer Journalists Association. 『日本のクラフトビール地図』(The Craft Beer Map of Japan). ビール文化社, 2020.
UNESCO Creative Cities Network. "Sapporo: Media Arts and Food Culture."
https://en.unesco.org/creative-cities/sapporo
Lonely Planet Japan. "Best Beer Experiences in Sapporo."
https://www.lonelyplanet.com

칭타오

Mitter, Rana.
Modern China: A Very Short Introduction. Oxford University Press, 2008.

Liu, Lydia He.
The Clash of Empires: The Invention of China in Modern World Making. Harvard University Press, 2004.
Qingdao Beer Museum (青岛啤酒博物馆). "History of Tsingtao Beer."
http://www.tsingtaomuseum.com.cn
Zhang, Yingjin (ed.).
A Companion to Chinese Cinema. Wiley-Blackwell, 2012.
Shen, Yifei.
"Drinking in Urban China: Beer, Masculinity, and Market Reform."
China Quarterly, vol. 212, 2012, pp. 888-905.
青岛市文化旅游局.「青岛国际啤酒节官方简介」
http://www.qingdaochina.org
Taylor, Jeremy E.
Rethinking Transnational Chinese Cinemas: The Amoy-dialect Film Industry in Cold War Asia. Routledge, 2011.
Baranovitch, Nimrod.
China's New Voices: Popular Music, Ethnicity, Gender, and Politics, 1978-1997. University of California Press, 2003.
Lonely Planet China. "Top Beer Experiences in Qingdao."
https://www.lonelyplanet.com

마닐라

Cullinane, Michael.
Ilustrado Politics: Filipino Elite Responses to American Rule, 1898-1908. Ateneo de Manila University Press, 2003.
Anderson, Warwick.

Colonial Pathologies: American Tropical Medicine, Race, and Hygiene in the Philippines. Duke University Press, 2006.

San Miguel Brewery Inc.

"Our Heritage."

https://www.sanmiguelbrewery.com.ph

Mojares, Resil B.

Brains of the Nation: Pedro Paterno, T. H. Pardo de Tavera, Isabelo de los Reyes and the Production of Modern Knowledge. Ateneo de Manila University Press, 2006.

Pertierra, Raul.

"Popular Culture in the Philippines: Everyday Politics and Informal Modernity."

Inter-Asia Cultural Studies, vol. 3, no. 2, 2002, pp. 265–278.

Filomeno Aguilar Jr.

"Drinking Modernity: Alcohol and Ambivalence in Colonial and Contemporary Philippines."

Philippine Studies, vol. 58, no. 3, 2010, pp. 307–339.

National Historical Commission of the Philippines.

"History of Philippine Industrialization: The Case of San Miguel Corporation."

https://nhcp.gov.ph

Mercado, Monina A.

Kape, Tuba at Pulis: Filipino Drinking Cultures and Everyday Spaces. University of the Philippines Press, 2021.

Time Out Manila.

"Where to Drink San Miguel Like a Local in Manila."

https://www.timeout.com/manila

Tourism Promotions Board Philippines.

"San Miguel Beer and the Manila Beer Culture."
https://www.tpb.gov.ph

방콕

Askew, Marc.
Bangkok: Place, Practice and Representation. Routledge, 2002.
Miller, Daniel.
Consumption and Its Consequences. Polity Press, 2012.
Wong, Aekta.
"Craft Beer in Thailand: A Quiet Revolution."
Asian Business Review, vol. 11, no. 3, 2021, pp. 44–51.
Thai Beverage Public Co., Ltd. (ThaiBev).
"Annual Sustainability Report 2023."
https://www.thaibev.com
Beaumont, Stephen & Webb, Tim.
The World Atlas of Beer. Mitchell Beazley, 2020.
Jackson, Peter A.
"The Thai Regime of Images."
Sojourn: Journal of Social Issues in Southeast Asia, vol. 19, no. 2, 2004, pp. 181–218.
Tourism Authority of Thailand (TAT).
"Bangkok Nightlife & Food Map."
https://www.tourismthailand.org
Pattana Kitiarsa.
Faiths of the Street: Religion and Modernity in Thailand's Popular Culture. Silkworm Books, 2012.

Chan, Supapan.
Time Out Bangkok.
"Best Bars and Craft Beer Spots in Bangkok."
https://www.timeout.com/bangkok

하노이

Logan, William S.
Hanoi: Biography of a City. University of Washington Press, 2000.
Marr, David G.
Vietnam: State, War, and Revolution (1945–1946). University of California Press, 2013.
Habeco (Hanoi Beer Alcohol and Beverage Corp).
"Company History."
https://www.habeco.com.vn (접속일: 2025년 6월 10일).
Taylor, Philip.
Social Inequality in Vietnam and the Challenges to Reform. Institute of Southeast Asian Studies, 2004.
Kerkvliet, Benedict J. Tria.
The Power of Everyday Politics: How Vietnamese Peasants Transformed National Policy. Cornell University Press, 2005.
Nguyen, Minh T.
"Craft Beer and Middle-Class Cosmopolitanism in Hanoi."
Journal of Contemporary Vietnam Studies, vol. 8, no. 2, 2022, pp. 115–136.
Tạ Hiện Street Community.
"Hanoi's Beer Street: A Cultural Guide."

https://www.hanoibeerstreet.vn
Pasteur Street Brewing Company.
"Our Story in Vietnam."
https://www.pasteurstreet.com
Vu, Tuong.
Paths to Development in Asia: South Korea, Vietnam, China, and Indonesia. Cambridge University Press, 2010.
Lonely Planet Vietnam.
"Top Beer Experiences in Hanoi."
https://www.lonelyplanet.com

부산

이동영.「항구도시 부산의 정체성과 공간 문화」,『도시연구』제18권, 2020.
Galmegi Brewing Co.
"About Us."
https://www.galmegibrewing.com
Wild Wave Brewing Co.
"Our Story."
https://www.wildwavebrew.com
부산광역시청.「부산관광브루어리 지도와 맥주페스티벌 안내」, 2023.
강동진.『부산, 도시를 걷다: 사람과 골목, 시간의 결을 읽는 인문기행』, 산지니, 2016.
양정환.「크래프트 맥주와 도시문화: 부산 수제맥주 산업의 형성과 소비 특성」,『문화사회연구』제11권, 2022.
부산일보. "부산, 크래프트 맥주의 도시로 떠오르다."
https://www.busan.com

Lonely Planet Korea.
https://www.lonelyplanet.com/south-korea/busan

킹스턴

Hope, Donna P.
Inna di Dancehall: Popular Culture and the Politics of Identity in Jamaica. University of the West Indies Press, 2006
Niaah, Sonjah Stanley.
DanceHall: From Slave Ship to Ghetto. University of Ottawa Press, 2010.
Red Stripe Jamaica.
"Our Heritage."
https://www.redstripebeer.com
Crichlow, Michaeline A.
Globalization and the Post-Creole Imagination: Notes on Fleeing the Plantation. Duke University Press, 2009.
Kingston Creative.
"Creative City: Arts, Culture & Enterprise in Downtown Kingston."
https://www.kingstoncreative.org
University of the West Indies (UWI) Cultural Studies Group.
"Beverage Cultures in the Caribbean: From Rum to Red Stripe."
UWI Occasional Papers Series, 2021.
Miller, Kei.
Writing Down the Vision: Essays & Prophecies. Peepal Tree Press, 2013.
The Jamaica Observer.

"Craft Breweries Take Root in Kingston."
https://www.jamaicaobserver.com
- Trouble's Brewing, Big City Brewing Robotham, Don.
"The Notion of Culture in Jamaica." Social and Economic Studies, vol. 48,
Lonely Planet Caribbean
"Best Bars and Beer in Kingston, Jamaica."
https://www.lonelyplanet.com

케이프타운

Rogerson, Christian M.
"Craft Beer Tourism in South Africa: Development Issues and Constraints."
African Journal of Hospitality, Tourism and Leisure, vol. 6, no. 2
Worden, Nigel.
The Making of Modern South Africa: Conquest, Apartheid, Democracy. Wiley-Blackwell, 2012.
Comaroff, Jean & Comaroff, John.
Ethnography and the Historical Imagination. University of Colorado Press, 1992.
Devil's Peak Brewing Company.
"About Us."
https://www.devilspeak.beer
Woodstock Brewery.
"Crafting Beer in Cape Town's Most Creative District."
https://www.woodstockbrewery.co.za

Cape Brewing Company (CBC).
"Our Story." https://capebrewing.co.za
South African Breweries (SAB).
"SAB's Role in South Africa's Beer Heritage."
https://www.sab.co.za
Bickford-Smith, Vivian.
"Drinking, Dancing and Dying: Popular Culture and Social Control in Cape Town, 1890–1939."
Journal of Southern African Studies, vol. 17, no. 3,
Gibson, Nigel & Leibowitz, Andre.
Fanonian Practices in South Africa: From Steve Biko to Abahlali baseMjondolo. University of KwaZulu-Natal Press, 2011.
Cape Town Tourism.
"Craft Beer Route: Best Breweries in and around Cape Town."
https://www.capetown.travel

시드니

Driscoll, Catherine.
The Australian Pub: Culture, Identity, and Gender. Sydney University Press, 2020.
Wilks, Jeff.
"Australian Drinking Culture: From the Bush to the Beach."
Tourism Recreation Research, vol. 38, no. 1, 2013, pp. 15–27.
Young Henrys Brewing.
"Our Story."
https://younghenrys.com

Batch Brewing Company.
"Batch Brews in Marrickville."
https://batchbrewingco.com.au
Australian Craft Brewers Association (ACBA).
"State of the Craft Beer Industry 2023."
https://www.acba.org.au
O'Brien, Tim.
Beer Lands: The Story of Australia's Beers and Breweries. Allen & Unwin, 2019.
City of Sydney Council.
"Local Food and Drink Culture in Inner Sydney."
https://www.cityofsydney.nsw.gov.au
Australian Broadcasting Corporation (ABC).
"Craft Beer Boom in Sydney's Inner West."
https://www.abc.net.au
Burnley, Ian.
Sydney: The Emergence of a World City. Oxford University Press, 2005.
Lonely Planet Australia.
"Top Breweries and Beer Bars in Sydney."
https://www.lonelyplanet.com/australia/sydney

오클랜드

Belich, James.
Making Peoples: A History of the New Zealanders from Polynesian Settlement to the End of the Nineteenth Century. Penguin Books

Campbell, Malcolm.
The Kingdom of Beer: A Cultural History of Brewing in New Zealand. Awa Press, 2021.

Statistics New Zealand.
"New Zealand's Brewing Sector: Economic and Cultural Indicators 2022."
https://www.stats.govt.nz

Hallertau Brewery.
"Brewery Philosophy and Local Integration."
https://www.hallertau.co.nz

Garage Project.
"Our Story."
https://garageproject.co.nz

Spoonley, Paul.
Rebooting the Regions: Why Low or Zero Growth Needn't Mean the End of Prosperity. Massey University Press, 2016.

Howland, Claire.
"Craft Beer in Auckland: From Hoppy IPAs to Local Taprooms."
NZ Geographic Magazine, Issue 166, 2022.

Urbanaut Brewing Co.
"About the Brand."
https://urbanautbrewing.com

New Zealand Tourism Board.
"Craft Beer Routes of Aotearoa: Auckland & Beyond."
https://www.newzealand.com

Lonely Planet New Zealand.
"Best Breweries in Auckland."
https://www.lonelyplanet.com/new-zealand/auckland